Rosas, Urquiza y el Bloqueo Anglo-Francés
en los informes diplomáticos de la época

Carlos A. Goñi Demarchi

Rosas, Urquiza y el Bloqueo Anglo-Francés
en los informes diplomáticos de la época

Buenos Aires, 1975

*Obra escrita por el autor en colaboración
con José Nicolás Scala y Germán W. Berraondo
y adaptada y editada póstumamente según su indicación
por Santos Goñi Marenco, Buenos Aires, 2018*

Retrato de la contratapa del autor con fondo del Río Rhin y el Dragenfels por Lescano Ceballos, Bonn, 1971

2018, Santos Goñi Marenco
Todos los Derechos reservados
ISBN 978-987-42-9872-0
Impreso en los Estados Unidos de América
Printed in the United States of América

Goñi Demarchi, Carlos Alberto
   Rosas, Urquiza y el bloqueo Anglo-Francés : en los informes
diplomáticos de la época / Carlos Alberto Goñi Demarchi. - 1a ed
adaptada. - Ciudad Autónoma de Buenos Aires : Santos Goñi Marenco,
2018.
   113 p. ; 22 x 15 cm.
2da ed adaptada - U.S.A. : Santos Goñi Marenco, 2018.
   118 p. - 6 x 9 in.

ISBN 978-987-42-9872-0

   1. Historia Argentina. 2. Relaciones Diplomáticas. 3. Época de Rosas.
1829-1852   . I. Título.
   CDD 982

Fecha de catalogación 27/09/2018

Indice

PROLOGO

En su obra inédita sobre la diplomacia de los primeros cuarenta años de nuestra independencia, Carlos Alberto Goñi Demarchi concluye en el triunfo de la política exterior de la Confederación Argentina, sosteniendo que por su intermedio se sentaron las bases para la consolidación definitiva de la nación bajo el federalismo de la época. Que no haya fructificado a raíz de la derrota de Rosas en Caseros, dice, es otra historia.

A diferencia de sus libros sobre los años iniciales de la diplomacia argentina[1], murió sin ver publicada su investigación histórica acerca de la Misión de Manuel de Sarratea en París entre 1841 y 1849, tal vez la obra más completa escrita hasta el momento sobre esa gesta diplomática argentina.

El presente tomo, que es apenas un anticipo de la obra mayor, trata de la actuación en la región del Plata de la Confederación Argentina y su posición frente al bloqueo anglo-francés, establecido para contrarrestarla y para sostener al gobierno de Montevideo. Para ello, recopila la correspondencia de los enviados europeos que documentan en sus informes los aspectos más significativos de la diplomacia de Rosas y de la situación en el litoral argentino en la época.

Nacido sesenta y ocho años exactos después de la batalla de Caseros y con sus noventa y seis años cumplidos, Goñi Demarchi seguía perfeccionando sus manuscritos. Anticipando el final, me dejó como encargo personal hacer conservar su acervo histórico y editar y publicar su historia de Sarratea. Es por eso que sus libros y archivo histórico se guardan en la Biblioteca del Instituto del Servicio Exterior de la Nación, del que fue Profesor de Historia Diplomática y Sub-director en sus inicios de la década de 1960.

---

[1] Por Carlos A. Goñi Demarchi, José Nicolás Scala y Germán W. Berraondo: "La Diplomacia de la Revolución de Mayo", Crespillo, Buenos Aires, 1960. 243 págs.; "La diplomacia argentina y la restauración de Fernando VII", Buenos Aires, Ministerio de Relaciones Exteriores y Culto, Instituto del Servicio Exterior de la Nación, 1968, 454 págs.; Rosas, Washington y Lincoln; Ediciones Theoria, Buenos Aires, 1996, 125 págs.

Su colección de copias de documentos histórico-diplomáticos argentinos y extranjeros integran el "Fondo Personal de Carlos Goñi Demarchi"[2]. El conjunto queda para estudio de las generaciones que lo suceden en "la casa" a la que él perteneció, junto a su padre, su hermano y yo.

La Directora de la Biblioteca, Lic. Marcela Bubién, y su personal hicieron que todo eso fuera posible, junto con aparición de este anticipo de los numerosos tomos inéditos de la Misión de Sarratea en París.

A todos ellos les expreso mi agradecimiento personal por la ayuda que generosamente me ofrecieron. También mi admiración profesional por el invalorable empeño que ponen en la conservación y difusión de la historia de la política exterior argentina que se encuentra en los anaqueles bajo su custodia.

Santos Goñi Marenco, Buenos Aires, 1 de julio de 2018

---

[2] https://www.mrecic.gov.ar/fondo-personal-de-carlos-goni-demarchi

INTRODUCCION

(El itinerario y las consecuencias de Caseros)

"En mi propia mente no abrigo dudas de que en el caso de que triunfara, el General Rosas seguirá dentro de poco un sistema muy diferente, y que será un curso que desarrollará las grandes riquezas de este magnífico país, asegurará el cumplimiento rígido de la ley y que promoverá mediante la educación y de otras maneras, la civilización y la industria. Tal la es noción que me he formado, mi Lord, a través de las pocas conversaciones que he mantenido con el General Rosas, con el que siempre he departido con la máxima franqueza. La política insidiosa del Brasil es muy clara - revolucionar a estos países para mantenerlos en un estado permanente de guerra civil y de anarquía, que lo asegurará contra un ataque."

(Robert Gore al Vizconde Palmerston, oficio del 2 de febrero de 1852)

William Gore Ouseley - vista de Buenos Aires[3]

---

[3]http://www.artnet.com/artists/william-gore-ouseley/the-capital-of-buenos-ayres-4-works
-fl9-C1RVAVlkqe4qnT66hg2

I

No es éste - ni lo pretende - un estudio orgánico del bloque anglo-francés al Río de la Plata entre el 2 de agosto de 1845 y el 31 de agosto de 1850. Pero, si en la presentación global del épico episodio poco queda a la investigación, el desarrollo de muchos de sus aspectos particulares, con el aporte principal de documentación de archivos extranjeros, ofrece aspectos culminantes de esa epopeya.

Si ante todo fijamos nuestra atención en el Restaurador, según lo ve y escucha Howden, es porque éste nos describe a un gobernante harto diverso del que generalmente se imagina, tanto entre sus adversarios, como entre sus partidarios; la información de Le Prédour preanuncia ya el momento de la victoria a la que sólo falta ser rubricada en un tratado; Normanby aporta la verdad sobre una maniobra de su propio Gabinete, que se adelanta al aliado en el momento de la paz; y Gore y Southern describen la partida de Rosas después su derrota en Caseros, que lo es también de la oportunidad obtenida poco tiempo antes por su diplomacia.

El Rosas mítico debe ceder lugar al Rosas histórico, artífice de la Confederación Argentina y de su política exterior, su héroe por antonomasia. Es imprescindible, pues elevar sobre sus verdaderos cimientos su figura histórica, dándole la real dimensión y jerarquía que le corresponde, no como escudo para justificar ambiciones contemporáneas de persona o grupo, sino como estandarte de la afirmación nacional argentina: él es el antemural sobre el que se quiebra, por más de veinte años, la voluntad imperialista de la época de desmembrar nuestro territorio.

Unidas, en su hora, las dos naciones más poderosas del orbe suponen que una simple demostración de fuerza será suficiente para arrancar las deseadas concesiones en el Río de la Plata; tanta fe cifran aquéllas en su poderío, que se desecha el concurso del Imperio brasileño, que ofrece su colaboración.

Si Rosas muestra, a todo lo largo del conflicto, su voluntad de paz y su disposición permanente a la negociación, su actitud se endurece en cerrada intransigencia - que es patriotismo en su más prístina expresión - allí donde está en juego la soberanía: con ella no se negocia. Asi, abroquelado en un principismo que no cede ni a la amenaza ni a la fuerza desatada, maneja con desusada habilidad la única carta favorable de que dispone en este juego desigual: su diplomacia se esfuerza en desunir a los aliados. No sería exacto decir que lo consigue; pero, sí es cierto que, en la medida de sus posibilidades, contribuye al resultado apetecido: Gran Bretaña levanta el bloqueo, de por sí, y firma el tratado de paz, adelantándose a Francia, su circunstancial aliado en el Plata y rival en la lucha por el predominio mundial. Previamente, la Revolución de febrero de 1848 había dado pie al gobierno de París para tomar la delantera en el camino hacia la paz; pero los "intereses creados" - en la feliz expresión benaventina - pueden más que los rectos intereses de la propia Francia, y ésta pierde su oportunidad.

Ante esta puja, cabe la pregunta: ¿en qué quedan las justificaciones "civilizadoras" de los interventores, cuando a la hora de sus conveniencias intrigan entre ellos, para llegar primero a la mesa de la paz?

Es que no sólo a los gabinetes europeos - cuyas decisiones las dicta el interés - sino a los pueblos del Plata, incluida la mayor y mejor parte de la emigración (Godoy Cruz, Pueyrredón, Ferré, Iriarte, etc.) y a la inmigración que llega a sus puertos, se impone la íntima convicción de ese triunfo insólito de la Confederación Argentina.

De la cima a la sima, la explicación precisa es necesaria. La victoria se dilapida ¿es copartícipe, en la responsabilidad, don Juan Manuel de Rosas? Manuel Oribe, ya a mediados de 1850, denuncia manejos de Urquiza con   los brasileños; le ofrece a Rosas levantar el bloqueo de Montevideo y destruirlo en su propio suelo entrerriano; pero, el Ilustre Restaurador se niega. El sabe que Urquiza puede traicionarlo y está al tanto de muchos de sus manejos; no obstante, tiene que confiar en él, pues lo necesita en la lucha que se avecina con el Imperio. Espera que, como ante los ingleses y franceses, sobre la egoísta ambición triunfe el patriotismo de su lugarteniente sin advertir que si, entonces, la defección no se produce es porque Gran Bretaña cambia su política No dispone de otra alternativa, pues no la hay; está preso de un dilema de hierro: o Urquiza no traiciona, y el triunfo es seguro, o se produce la defección, y no restan esperanzas.

Así, Caseros ni es una campaña militar, ni un combate; es el gesto romántico de quien sabe que va a caer y se envuelve en su bandera.

II

Puestos a meditar sobre lo que no fue, como consecuencia de Caseros, recordemos tan sólo las palabras de Robert Gore que encabezan este capítulo. Con esa catástrofe viene el derrumbe de la política exterior de la Confederación Argentina, constituida en antemural contra las potencias foráneas. El liderazgo espiritual de Rosas a través de su proclamado sistema americano, es reemplazado por el liderazgo imperialista del Brasil, sostenido por aquellas potencias a costillas de Hispanoamérica.

Mucho antes de Caseros, en un despacho al Gobierno de Asunción del 27 de marzo de 1844[4], Rosas advierte la maniobra imperial y previene contra la misma. Se declara "convencido de que el reconocimiento de la independencia del Paraguay pondrá en eminente peligro la de ambos países", el Paraguay y la Banda Oriental. Siendo aquel reconocimiento parte del precio de Caseros, no pasa demasiado tiempo y el Paraguay es inmolado en la guerra de la Triple Alianza, que ha de empujar a los argentinos a marchar, de bracete, con colorados orientales y esclavistas brasileños - para beneficio de éstos - contra un pueblo hermano. Poco antes, la "revolución" de Flores en el Uruguay tiene el apoyo brasileño y mitrista. El sitio de Paysandú resulta la página más heroica de los blancos orientales. Su saqueo resulta el más imperdonable preludio del futuro sacrificio guaraní.

Pero, no nos alejemos demasiado en el tiempo llevados por estos tristes corolarios; en los preludios de Caseros, como pago, anticipado por la alianza, el Brasil se apodera de lo que Lamas por años le ofreciera. El Tratado de San Ildefonso es la valla legal a las apetencias del Imperio: a su marcha al sur, en busca de tierras templadas, de que carece, y a su ambición mayor, llegar al Plata. Lamas firma, el 12 de octubre de 1851 - "nada hay tan bochornoso como sus términos", escribe un historiador oriental - , el inicuo tratado de límites, en el que aquella base legal es reemplazada por el vicioso y repudiable "título" de la posesión de hecho.

---

[4] Juan Manuel de Rosas al Excmo. Gobierno del Paraguay, con fecha 27 de marzo de 1844, en Julio Irazusta, "Vida política de Juan Manuel de Rosas a través de su correspondencia", Buenos Aires, 1970, tomo 4, pág. 355.

Se pierden centenares de leguas de la herencia hispana, y como afirma Vicente G. Quesada[5] , quien demuestra el despojo al territorio argentino, "En esta negociación no estaba representada la República Argentina", y da la clave del misterio: "¡ fue el precio de la caída de Rosas !".

Urquiza, sin facultades para comprometer al país en tratados internacionales, pero siempre dispuesto a sacrificarlo, pretende mezclar a la Nación Argentina en aquel incalificable despojo, Lo personifica su Ministro de Relaciones Exteriores, Luis José de la Peña, quien aparece como mudo garante, aunque su actuación, así como el acto de garantía que firman Urquiza y Vicente Fidel López (quien ha de "componer" una historia que apañe tales enormidades) resultan a la postre sin valor alguno, pues no son ratificados por el Congreso Nacional.

No resistimos presentar el contraste: es la pérdida de territorios que Manuel de Sarratea, Ministro de la Confederación Argentina en el Brasil durante parte de la época de Rosas, tan celosamente defendiera, circunscribiendo el derecho oriental al de los límites establecidos en la Convención Preliminar de 1828, y reservando, frente al Imperio, los derechos argentinos respecto de los antiguos del Virreinato.

La apertura de nuestros ríos - parte, también, del elevado costo de Caseros - significa, amén de una renuncia a lo que con tanto tesón como patriotismo se había defendido, un golpe mortal para nuestra incipiente industria provinciana y la destrucción del cabotaje argentino. Es el triunfo, después de su derrota, de la Intervención. Y es nuestra derrota frente al Imperio

Con Rosas, cae la sociedad argentina que surge de la Revolución de la Independencia. Sus figuras señeras, como Guido, Anchorena, Roxas y Patrón, Arana y tantos más, sufren la persecución de otra sociedad cultivada a partir de Caseros.

Para disimular su traición, Urquiza levanta la bandera de la Constitución. Triunfante, debe cumplir su compromiso; pero el resultado no es el que espera él, ni menos sus aliados de la emigración recalcitrante.

La Constitución Nacional abriga, en su articulado, la prédica de Artigas y de Rosas. Es católica y federal; desahucia, pues, los

---

[5] Vicente G. Quesada "Historia diplomática latino-americana. II. La política del Brasil con las Repúblicas del Rlo de la Plata. Buenos Aires, 1919, pgs. 220 y 239.

exotismos y descalifica al mismo Urquiza[6]: "La traición contra la Confederación consistirá únicamente en tomar las armas contra ella, o en unirse a sus enemigos prestandoles ayuda y socorro". En su texto, la raíz histórica se impone a las conveniencias políticas de los vencedores de Caseros y remata con su anatema de traición a los falsos vencedores.

---

[6] Artículo 103 de la Constitución, en República Argentina, Biblioteca del Congreso de la Nación "Constitución de la Nación Argentina". Buenos Aires. 1942. pg. 75.

CAPITULO I

EL PROTAGONISTA

(Don Juan Manuel de Rosas, según Lord Howden)

"A pesar de todas nuestras prevenciones hemos aprendido a colocar a Rosas al lado de San Martín, en el Panteón de la historia de la República Argentina."

(Jacques Duprey "Un fils de Napoléon 1er dans les pays de La Plata")

Lord Howden, barón de Irlanda y par de Inglaterra[7]

---

7 https://en.wikipedia.org/wiki/John_Cradock,_1st_Baron_Howden

Adolfo Saldías, en su "Historia de la Confederación Argentina"[8] - obra primera en el estudio de la verdad acerca del período rosista - trae una biografía, muy "fin de siglo" de Lord Howden:

> "Era el tipo del antiguo noble inglés, cuya severa catadura y fina arrogancia se habían suavizado y aún hermoseado entre los vaivenes más o menos tempestuosos de una vida de aventuras caballerescas y de romances perseguidos con el fervor de una imaginación meridional. Joven todavía, rico, cultísimo y apuesto, Juán Hobart Caradoc Howden era un personaje disputado en la alta aristocracia europea, en las treguas galanas que se tomaba a su afición de batirse como soldado de las causas que impulsaban sus sentimientos verdaderamente juveniles. Descendía de Caradoc y de los antiguos príncipes de Gales, y nació en Dublín el 16 de octubre de 1799. Su abuelo, Juan Caradoc, fue arzobispo de esa ciudad, y su padre, el primer lord Howden, fue creado barón de Irlanda en 1819 y par del reino en 1831, tomando con real permiso en este año el nombre de Caradoc. Muy joven todavía Hobart Caradoc adoptó la carrera de las armas, distinguiéndose por su valor y su espíritu caballeresco. En 1830 se casó con Catalina Skavonsky, belleza clásica y codiciada entre la alta sociedad a que ambos pertenecían. Las dotes de su inteligencia, sus raras prendas y sus relaciones con

---

[8] Adolfo Saldías, "Historia de la Confederación Argentina", Buenos Aires, 1929, Tomo VIII pgs. 6 y 7. La Misión Howden-Walewski da motivo al General Eugenio Necochea, uno de los capitanes dilectos de don José de San Martín, en carta a Fermín de Irigoyen, del 15 de setiembre de 1847, desde Santiago de Chile, citada en Enrique Arana (h.), "Rosas en la evolución política argentina", Buenos Aires,1954, pág. 121, para formular una poco conocida expresión de íntimo sentimiento: "Tan luego como conozca los resultados de la negociación ofreceré mis servicios al gobierno; y si los considerase útiles, marcharé inmediatamente a ponerme a las órdenes del esforzado y magnánimo general Rosas, de ese argentino ilustre que con tanta dignidad y energía ha sabido sostener los derechos del honor nacional, sin arredrarse del poder de nuestros enemigos".

los principales hombres de estado le valieron la confianza de su soberano, quien, entre otras comisiones diplomáticas de importancia, le encomendó la misión de oriente, la de Grecia, en donde asistió a la batalla de Navarino, y la que desempeñó durante el primer período de la insurrección carlista en España. Entonces era más conocido en Europa con el nombre de coronel Caradoc. Muerto su padre, tomó el título de lord Howden y demás que aquel disfrutaba. Ocupaba su asiento en el parlamento cuando fue nombrado ministro residente de Gran Bretaña en el Brasil, y plenipotenciario para el ajuste de las negociaciones pendientes en el Río de la Plata".

Carlos Ibarguren, por su parte, ratifica tales datos y conceptos al situar su figura en el momento de su arribo a nuestra capital[9].

"John Caradoc, lord Howden, barón de Irlanda y par de Inglaterra, vástago de una familia insigne, había venido a Buenos Aires como enviado extraordinario de la Gran Bretaña, en 1847, conjuntamente con el plenipotenciario del rey Luis Felipe, conde Walewski, para procurar un arreglo al largo conflicto del Río de la Plata". "Lord Howden había pasado ya, en aquel momento, su segunda juventud, tenía 48. años y había corrido romántica e intensamente una vida de gloriosas aventuras: había sido ayudante del duque de Wellington, compañero de lord Byron en Grecia, héroe de la batalla de Navarino, donde fuera herido, y comisario británico en el sitio de Amberes en 1832. Había cambiado las armas por la diplomacia para actuar con la misma gallardía caballeresca".

Si tales datos de la biografía del interlocutor de Don Juan Manuel de Rosas sirven para hacer resaltar el valor de su testimonio, no deben olvidarse las circunstancias en que se desarrollan las conversaciones que fundamentan este punto. Está empeñado el lord en una negociación dificilísima: por una parte, debe tratar de romper el

---

[9] Carlos Ibarguren, "Manuelita Rosas", Buenos Aires,1933, pág. 40.

impasse, para proporcionar alivio al estrangulado comercio británico en el Plata, mientras, por otra, debe conservar la entente con el aliado francés en estas aguas y marchar - tratar de hacerlo - al compás de su compañero de misión, el Conde Walewski, proclive al belicismo espúreo de Montevideo. Intentando equilibrar imposibles, desempeña su cometido: una decisión definitiva lo culmina, al levantar unilateralmente el bloqueo, dando, así, un paso fundamental hacia la paz. El interés de su patria lo resuelve a ello; en lo subjetivo, sabe distinguir entre los distintos personajes que se mueven en el escenario político rioplatense.[10]

Luego de este breve introito - a modo de presentación de la personalidad cuyo testimonio es el substratum del tema a desarrollar - al grano. En su Oficio del 14 de mayo[11] informa que ha visto "al General Rosas; y mi impresión, resultante de esta entrevista, es muy satisfactoria".

> "Expresó su gran complacencia ante el hecho de poder conversar confidencialmente en su propia lengua con un Ministro inglés. Me expuso su versión acerca de ia intervención de un manera muy

---

[10] Al ordenar el levantamiento del bloqueo - Nota del 15 de julio de 1847 al Comodoro Sir Thomas Herbert, citado en Adolfo Saldías "Historia de la Confederación Argentina" , Op cit., tomo VIII,. págs. 30 y 31 - dada su ineficacia y a que "ha venido a ser exclusivamente un modo de proveer con dinero, parte al gobierno de Montevideo, y parte a ciertos individuos extranjeros, con detrimento continuo del extenso y valioso comercio de la Inglaterra", considera, "en primer lugar, que los orientales de Montevideo no son en este momento agentes libres sino enteramente dominados por una guarnición extranjera". Difícil decir más, en tan pocas palabras.
El 9 de mayo, en comunicación a Palmerston - en Public Record Office. Londres. F.o. 6/133 - , le informa que "Sir Thomas Herbert me dice que Deffaudis propuso efectivamente a Ouseley que permitieran que Ribera (después de sus recientes desgracias) fuera sacado de la ciudad por los vascos (que siempre están en un estado de turbulencia) y se lo fusilara. Es decir, en buen inglés, que fuera asesinado".
Si esto es ilustrativo en cuanto a la calidad moral de los ocasionales aliados, en punto a la sucesión a que está sometido el gobierno de Montevideo, nada ilustra más que el Oficio N° 20, del 22 de septiembre de 1847, que le envía Palmerston; en Public Record Office, Londres. F.O. 6/132: "He recibido y presentado a la Reina su despacho N° 25 marcado 'Confidencial' del 15 de Julio, informando que había advertido a Sir T. Herbert que evitara, dentro de lo posible, hacer nada que pudiera conducir a una colisión entre las fuerzas británicas y francesas en el Río de la Plata, pero que usted había creído sin embargo apropiado ordenar a Sir T. Herbert que tomara de inmediato posesión de Colonia, en el caso de que los franceses se apoderasen de Montevideo y ocuparan abiertamente esa ciudad. Y debo informarle que el Gobierno de S.M. aprueba sus instrucciones a Sir T. Herbert con referencia a una contingencia semejante".
[11] Lord Howden al Vizconde Palmerston, Oficio N° 6, del 14 de mayo de 1847, en Public Record Office. Londres. F.O. 6/133.

desapasionada, y expresó su entera disposición de llegar a un arreglo.

El General Rosas dijo que muy posiblemente no podría concederme una audiencia pública para que le presentara las Cartas de Retiro de Mister Ouseley. Dijo, Mister Ouseley era mi enemigo principalmente porque creía que yo no le prestaba suficiente atención personal. No entendió nuestras costumbres, ni mi carácter. Yo soy un simple estanciero[12] y mi casa está abierta para todos, pero no invito a nadie. Después de esto Mister Ouseley me hizo tanto daño como pudo; y dije la verdad, o sea, que mientras él se encontrara en estas aguas no podía haber un deseo real de paz. Es en el interés de la paz que agradezco al Gobierno inglés por haberlo llamado, pero no siento ninguna animosidad hacia Mister Ouseley, y no haré nada que pueda dar la impresión de que estoy triunfando sobre él. Usted tiene que excusarme de recibir la notificación de su retiro de una manera pública".

Acota el lord, con llana sinceridad, que lo relatado "era muy característico del General Rosas; si era genuino, era muy bueno, si era inventado, no estaba mal imaginado". Es que, al debilitarse la marea intervencionista, Rosas facilita el repliegue británico, descargando en su Comisionado las culpas del gabinete londinense y ello no escapa a la agudeza de Howden.

Carácter "Confidencial" le confiere el plenipotenciario británico a su Oficio del día 23 del mismo mes[13] en que se explaya

---

[12] En castellano en el original.

[13] Lord Howden al Vizconde Palmerston, Oficio N° 8, Confidencial, del 23 de mayo de 1847, en Public Record Office Londres, F.O. 6/13.3. John Murray Forbes, Encargado de Negocios de los Estados Unidos en la Argentina, al tiempo de la   ascensión al mando de 'Don Juan Manuel de Rosas, en una correspondencia con el Secretario de Estado Martín Van Buren - divulgada por Felipe A. Espil en "John Murray Forbes. Once años en Buenos Aires. 1820-1831". Buenos Aires.1956, traza un vivido cuadro de su figura en aquellos momentos. Escribe en su Oficio N° 85, del 12 de noviembre de 1829 (pág. 565): "El 3 del corriente, este personaje extraordinario llegó del campo, escoltado por 24 soldados de caballería. Plenamente convencido como estoy, del camino noble y patriótico que él ha seguido hasta ahora y que la salvación de la provincia se debe en gran parte a su magnanimidad y a su moderación en el momento del triunfo, fui a visitarle sin pérdida de tiempo, pero no estaba en su casa. Tan pronto como se lo permitieron sus

largamente. No ha recibido, informa, respuesta de Arana a su proyecto de Convención; sin embargo, "he tenido una larga entrevista privada con el General Rosas. Llamó por mi anoche, casi a medianoche, y estuve con él durante dos horas".

Es el precioso testimonio - "Esto, mi Lord", aclara a Palmerston, "es aproximadamente el contenido de la conversación del General Rosas conmigo, en cuanto a lo que se refiere a la Convención y a los Artículos que contiene" - de una extensa charla con un perspicaz

---

ocupaciones más urgentes retribuyó mi visita; y tampoco me encontró. El 10 del corriente; fuí de nuevo a verle y tuve esta vez más suerte; nada pudo ser más cordial como la manera en que me recibió, hizo despejar la habitación de todo otro visitante y en los términos más afectuosos y corteses llevó la conversación al tono más franco y confidencial, hablándome libremente de los motivos de su conducta pública".

En su Oficio, N° 87, del 9 de diciembre de 1829 (págs. 567 y 568) noticia su elección - "Mucho se espera de sus condiciones personales" - y relata la recepción al Cuerpo Diplomático. Uno de los primeros y más importantes actos de la restablecida Junta Provincial, actualmente en sesión, ha sido la elección de Gobernador. Esta ha recaído unánimemente en don Juan Manuel de Rosas, que asumió ayer públicamente el mando, después de prestar juramento de ley".

A las 2 de la tarde, el cuerpo diplomático, previa invitación, concurrió al Fuerte, a felicitar al nuevo Gobernador. En contestación a las pocas palabras de congratulación que le dirigí en esa oportunidad me declaró que la primera preocupación de su gobierno sería de estrechar aún más las relaciones de amistad con el Presidente y la nación norteamericana".

"En comunicaciones anteriores he tratado de hacer un esbozo siquiera imperfecto, de este hombre extraordinario. En términos generales, es una persona de educación limitada pero se parece a esos farmers de mucho carácter que abundan en nuestro país y que son considerados con justicia, la mejor garantía de nuestra libertad nacional. Rosas, sin embargo, difiere de cualquier cosa conocida entre nosotros, ya que él debe su gran popularidad entre los gauchos, o campesino común, al hecho de haberse asimilado casi totalmente a su manera singular de vida, su indumentaria, sus labores y aún sus deportes. Se dice que no tIene competidor en cualquier ejercicio físico, aún aquellos más violentos y difíciles, de aquella raza de hombres semisalvajes. Es sumamente suave de maneras y tiene algo de las reflexiones y reserva de nuestros jefes indios. No hace ostentación alguna de saber, pero toda su conversación trasluce un excelente juicio y conocimiento de los asuntos del país y el más cordial y sincero patriotismo.

"Ayer apareció en un rol que le es completamente nuevo. El cuerpo diplomático y consular era numeroso y cada uno de ellos cambió con el gobernador una frase congratulatoria, que de parte del gobernador fue articulada en tono tan bajo que sólo podía ser oída por aquel quien iba dirigida. Hubo poca conversación general, pero como mi sitio era inmediato al gobernador, **me tocó** recibir más de lo que me correspondía, de su atención. Sus modales exteriorizan una atrayente modestia, acompañados, sin embargo, de esa natural desenvoltura que es común a la gente de estepas. Vestía un rico uniforme militar y me confesó con toda ingenuidad que era la primera vez en su vida que usaba semejante prenda, aún cuando es bien sabido que ha tenido el ,rango y autoridad de comandante general en este país desde hace más de nueve años. Ha ejercido esta alta autoridad vistiendo siempre la común indumentaria de los paisanos, participando en todos sus trabajos y privaciones, dándoles continuo ejemplo de coraje, paciencia y constancia".

Referida a años ya lejanos a la llegada de Howden, la descripción de Forbes aparece como un buen complemento de la del Lord, y, con ese fin, la incluimos en esta nota.

interlocutor, que la resume en su informe oficial, el que participa de una doble garantía: la idoneidad de quien atestigua y de que dice verdad (que mal se puede admitir que engaña a su propio gobierno). El mismo Howden indica los límites precisos dentro de los cuales debe ser evaluada - por sus superiores, en se entonces; por los investigadores, hoy día - , al reconocer que le es

> "perfectamente imposible, además de ser innecesario, tratar de proporcionar a Vuestra Excelencia una información completa de la larga y confusa conversación, o más bien, soliloquio, que tuvo lugar; pero, por el contrario, relataré, tan sucintamente como me sea posible, los puntos principales que abarcó. El General Rosas recorrió; durante ese tiempo, todas las inflexiones del sentimiento, y todas las modulaciones de la voz humana. Admiró a los ingleses; odió a los franceses, aborreció a los brasileños, insultó a los unitarios, alabó su propia política, y todo de una manera calculada evidentemente para hacer una gran impresión sobre su interlocutor. Si yo no hubiera estado muy seriamente ocupado en tratar de adivinar qué era lo que en realidad se proponía, hubiera sido ameno en extremo".

Sobre el Tratado de 1825 con Gran Bretaña, al que a continuación, se hace referencia, la posición de Rosas, - más de una vez expuesta - es muy clara: considera que es un mal para la República, y, por ello, se niega a firmar otros similares; pero que, suscripto; debe cumplirse. "Pacta sunt servanda".

> "El General Rosas comenzó diciendo cuán profundo y sincero era el sentimiento general de los argentinos hacia Inglaterra; que reposaba sobre una basa que no podía ser socavada, ya que Inglaterra había sido la primera en reconocer su independencia, y que su agradecimiento era contemporáneo con su propia existencia - que el Tratado con Mister Parish (que, agregó, era desfavorable para su país), fué concertado

gracias al generoso impulso que el reconocimiento había provocado aquí, pero que él nunca había lamentado ese Tratado, y que lo preservaría de violaciones hasta el último día de su poder".

Si exagera su anglofilia, explica su francofobia:

"El General Rosas dijo que la política francesa había sido siempre tan inamistosa a los intereses de estos países, como a los de Inglaterra en ellos: que sabía, gracias a ese instinto que rara vez le fallaba, tanto como por las pruebas más concretas, que los franceses deseaban apoderarse de Montevideo para sí mismos, y que la materialización de esa política sumirá al Uruguay en sangre. - que los franceses no eran nunca honestos, ni en los hechos, ni en las palabras, y que en el mismo momento en que estaba hablando conmigo, no sabía qué es lo que estaban maquinando: que existía una vasta conspiración entre ellos y los unitarios para realizar una nueva modificación territorial bajo su inmediata influencia, sino bajo la propia bandera de Francia - que la inmediata consecuencia de ello sería, o más bien,que su principal objetivo era el de desgarrar (usa la expresión "to tear up" y "desgarrar" entre paréntesis y en español, como si fuesen las palabras empleadas por Rosas) los Tratados entre la Confederación e Inglaterra, y expulsar todo lo que sea inglés de estas regiones - , que si no abríamos nuestros ojos.a tiempo lamentaríamos amargamente la tendencia de nuestra política reciente con respecto a la Confederación Argentina, y que llegará el día en que la bandera argentina e inglesa flamearán juntas como aliadas contra sus comunes enemigos los franceses y los unitarios".

Este golpe de efecto - 'tour de force" genial de todo el razonamiento - culmina el esfuerzo dialéctico por separar a los aliados, verdadero "leitmotiv" de la diplomacia de la Confederación frente a la intervención conjunta. Prosigue Howden:

> "Cualquiera que sea mi opinión privada acerca de los franceses, y ella difiere muy poco de la del General Rosas, ví en todo esto, y especialmente en la manera de exponerlo, un deseo de separarme del Colega que las circunstancias me han dado; y creí que era mi deber dar al General Rosas toda clase de seguridades de que pensaba. que el Conde Walewski estaba animado de las mejores motivaciones e intenciones, así como también el Gobierno que lo enviaba; y que yo no tenía ningún poder discrecional para actuar separadamente en ninguna ocasión durante esta negociación".

El lord advierte la intención y, aunque no puede descubrir mentira (paladinamente, confiesa a su Gobierno la casi coincidencia), se resguarda en los deberes de su cargo. Rosas, por su parte, también penetra su juego.

> "El General Rosas me preguntó entonces si yo estaba dispuesto a hablar con él como un individuo privado, y no como Ministro, si él me hablaba como estanciero, y no como Encargado de las Relaciones Exteriores de su país. Le dije que lo escucharía, y que le respondería desde cualquier nivel que él estimara apropiado, pero que no me consideraría comprometido después, en mi carácter público, por cualquier cosa que pudiera decir privadamente, ya que lo que diría tenía que basarse necesariamente en una versión de las cosas que, por la forma superficial en que las estábamos tratando, quizás luego hallara inevitablemente incorrecta. Dijo que se sentía muy a sus anchas conmigo, y entonces continuó: 'Después de la primera declaración que usted presentó, me sentí el hombre más feliz del mundo, porque pensé que todo había terminado; pero mi sorpresa fué grande cuando usted remitió la Convención; pasé, de

un momento al otro, del cielo al infierno. Estaba muy dispuesto a aceptar otra vez las bases de Mister Hood, porque pensaba que mi honor estaba comprometido, <u>a pesar de que las cosas han cambiado totalmente en lo que se refiere a las perspectivas de la guerra en el Uruguay desde que él estuvo aquí</u>, pero no estoy dispuesto, ni nunca lo estaré, a decir nada de mancomún con el Gobierno intruso de Montevideo. Nunca lo he reconocido, y todo americano del sur me escupiría si ahora lo hiciera, poniendo mi nombre sobre una hoja que contuviera también el nombre suyo: es una cuestión puramente argentina, y la mantendré como una cuestión puramente argentina. Trataré con los grandes Reinos de Inglaterra y Francia; el General Oribe podrá hacer lo mismo quizás, pues no se nada acerca de sus intenciones o puntos de vista; nunca lo ví más que dos veces, y en este mismo cuarto - pero nunca trataré con los salvajes de Montevideo'[14] ".

Antes de proseguir, Howden se siente en la obligación de advertir a su Gobierno que ha

"subrayado una expresión más arriba, ya que estimo que me encontrará con la idea que corporiza en cada. paso de esta negociación; y, debo. agregar, no por razones artificiales. Las cosas <u>han</u> cambiado, y están en una posición muy desfavorable como para poder aplicar una coerción moral (la física está fuera de cuestión) a este país. El partido del general Rivera se ha disuelto, él mismo está a punto de huir, el general Oribe posee la totalidad del país, y los defensores extranjeros de Montevideo están divididos entre sí".

El diplomático inglés no percibe la trascendencia doctrinaria de la impugnación que ha de alcanzar en el curso de la negociación; por ello, le manifiesta al General Rosas:

---

[14] El largo párrafo de figura entre comillas, como si Howden, en un esfuerzo de memoria, citara las expresiones de Rosas

"en cuanto a la forma de la Convención, se la miraba como el producto natural y la consecuencia regular de las propuestas anteriores, que requerían inevitablemente una forma. más compacta y consolidada, con el fin de ponerlas en ejecución. Que nunca se abrigó, ni de la manera más remota, idea alguna irrespetuosa, o siquiera de molestar al Gobierno Argentino, al pedirle que firmara un documento común - que era más bien una cuestión práctica de negocios y rutina diplomática que otra cosa, que yo mismo había tomado parte en negociaciones entre el Gobierno Español y el rebelde General Zumalacárregui, ocasión en que se hubiera admitido con satisfacción una firma en común. por lo que no comprendía su objeción, pero que mi sincero deseo de conciliación y de poner fin a la intervención era tan grande, que trataría según ese aspecto formal".

Sobre el título que se daría a Oribe, Rosas se muestra puntilloso; Howden no alcanza la importancia de la cuestión y busca una forma de allanarse a lo que se le pide, sin ceder por completo. No sabe que la única excusa - sin fundamento real - del pretendido gobierno de Montevideo, en todos sus nefastos atentados a la soberanía oriental (y al sistema americano), es que la está defendiendo (siquiera a empellones) de una subyugación argentina. Oribe es presentado por los fanáticos de la intervención, como un general de Rosas.

"El General Rosas aludió entonces al tratamiento[15] dado al General Oribe, pronunciándose de manera muy fuerte contra las palabras 'que pretende ser Presidente'. Le dije que como el Gobierno Argentino había declarado con tanta intención, y tan repetidamente, su total prescindencia en cuanto a ejercer una autoridad cualquiera sobre el General Oribe, hasta bajo la forma de consejos, que pensaba que era fuera de lugar tratar de argumentar acerca

---

[15] Entre paréntesis, asienta esta expresión castellana la versión original.

> de esta cuestión que, en vista de los principios sentados por él mismo, era preferible que esperara hasta su llegada al campamento del General Oribe; que nunca lo denominaría, ni podría denominarlo Presidente legal, ya que no me expondría a que eventualmente su renuncia formal a la Presidencia fuera copiada y reproducida en diarios, discursos y panfletos, que no faltarían. En este punto, nunca sería perdonado por mi Gobierno si cediera; pero que, ansioso siempre por conciliar, no objetaría que <u>él</u> denominara al General Oribe como le pluguiera; que desde un punto de vista <u>negativo</u>, le atribuía tan poca importancia a la cuestión, que retiraría las palabras pretendiendo ser Presidente; y coloca a Su Excelencia, el General Oribe con una docena de etcéteras, en cuya configuración podía entender que cabía cualquier expresión de títulos que más le agradara. El General Rosas no contesta nada a esto, quizá sintió que al querer solucionar así una cuestión para el General Oribe estaba dañando más bien a una parte de su propio sistema".

Esta última explicación es poco convincente, tanto que el mismo lord Howden la formula de manera dubitativa.

En seguida, una valiosa observación, que impulsa el patriotismo y que arranca la inmediata reacción positiva del inglés.

> "El General Rosas dijo entonces que no se disponía nada respecto al saludo a la bandera argentina, lo que esperaba tendría lugar. Le repuse que tomaba sobre mí, sin vacilación, ordenar que la bandera argentina fuera saludada del modo y en el momento que estimara oportuno, no bien las estipulaciones de la Convención hubieran experimentado por lo menos un principio de ejecución".

Sobre la amnistía que se desea conceder, el preciso distingo ante el cual Howden, sin réplica, duda y posterga la respuesta, Howden consigna lo siguiente:

> "El General Rosas aludió entonces a la amnistía necesaria y fué muy expresivo al respecto, ya que está particularmente orgulloso de la protección que acuerda a los inmigrantes, extranjeros y personas que se colocan bajo su protección; orgullo que puede ser utilizado para buenos fines. Dijo que éste era un Artículo que no se aplicaba a él; que estaba muy bien proponerlo al General Oribe, que lo había aceptado; pero que el Gobierno Argentino no tenía nada que decir al de Montevideo, cuyos habitantes, cuando venían a este lado del Plata, eran tratados por él de la misma manera en que siempre había tratado a todos los extranjeros - y así lo cumple: más tarde, como veremos en otro capítulo - <u>que el Gobierno Británico sabía muy bien cómo él trataba a los extranjeros</u>; y que su propia disposición de ánimo y fama a este respecto valían más que mil tratados. Repliqué diciendo que no tenía ninguna contestación muy decidida que hacer a este punto, y que lo consideraríamos desapasionadamente en cuanto el señor Arana me enviara él contra-proyecto".

El Rosas que nos revela este documento es sorprendentemente diverso de los retratos de los pésimos literatos de esos días. Fuerza es confesar que pocos son los autores que coinciden con la realidad que revela la documentación escrita en aquellos días. Vale, igualmente la observación respecto a la idea que se forjan de Rosas, no ya los estudiosos sino el común de las gentes, sean panegiristas o detractores.

Tres días después de redactado el Oficio que dejamos comentado, fecha Howden una nueva comunicación a Palmerston[16] en

---

[16] Lord Howden al Vizconde Palmerston, con fecha 26 de mayo de 1847, Separado, en Públi<: Record Office, Londres, F.O. 6/13.3. Sobre el ambiente social, que considera altamente hostil, también se explaya: "En este país el desafecto hacia los extranjeros es inherente a sus habitantes. No sólo existe un disgusto tradicional, sino una sospecha hacia todo lo que les   represente una idea europea. Ellos piensan que uno viene o a engañarlos o a oprimirlos; son proclives a creer que en Europa existe una vasta liga

la que si bien vuelve sobre el acuciante tema de la negociación emprendida, tiene largos párrafos dedicados a la figura del ilustre Restaurador. Acerca de la importancia que él mismo le asigna, valga el párrafo inicial:

> "En el momento en que la atención de Vuestra Excelencia está dirigida hacia la ejecución de una misión en el Río de la Plata, no será quizá inoportuno someterle varias observaciones relacionadas con el estado presente de Buenos Ayres, que rogaré a Vuestra. Excelencia guardar en mente".

Resume el panorama político que encuentra y las ventajas que otorga a la Confederación Argentina, en cuanto a la negociación diplomática en que se encuentra empeñado:

> "1°. La implantación del bloqueo no produjo mal mayor que el de convertir lo que sólo era una teoría

---

contra la Independencia Americana, en cualquier parte del Continente en que ésta pudiera haberse desarrollado. Aborrecen a los brasileños porque su forma de gobierno es europea, y los consideran como traidores a la causa nacional. A la susceptibilidad de las naciones jóvenes, los bonaerenses unen el orgullo y la obstinación de la Vieja España; son totalmente impenetrables a cualquier cosa parecida a las Doctrinas de Economía Política y los Principios del Intercambio Comercial. Es inútil intentar una disquisición en este sentido no lo comprenden a uno. Si ocurriera una revolución mañana - agrega, descorazonado - el próximo Gobierno, fuera el que fuese, continuaría en la misma senda de hostilidad hacia los extranjeros, y si fuera un Gobierno unitario, sería aún más intratable".

Si el futuro, para desgracia argentina, ha de desmentirle de manera rotunda, es porque la traición que culmina.en Caseros- trastoca todos los valores (empezando por el del patriotismo y la dignidad personal) y el Régimen liberal que se instaura llega a todos los extremos de la entrega.

Prosigue: "En estos países una negociación, si está basada en la justicia y en el beneficio mutuo, tiene una inmensa palanca con la que imponerse: la Opinión Pública. En este país falta que se la exprese por parte de la pequeña porción de gente en la que existe, mientras que en el resto falta del todo. El gaucho no considera a la guerra como un mal; en tanto que unos pocos quedan en cada estancia para cuidar del ganado, el resto está mejor como soldado que como gente de campaña, disponen de más comodidades, y galopar y asesinar congenia mucho con sus costumbres. Ellos le dicen a uno que uno necesita de su cebo y de sus cueros, pero que ellos no precisan nuestros algodones y nuestras porcelanas. Están comenzando a tener excelente lana, que dicen que les servirá para vestirse, en el caso de que vayamos a la guerra; en resúmen, no quieren tener nada que ver con uno. Están seguros que Inglaterra lo pensará dos veces antes de realizar otra intentona contra la ciudad, y si tuviera éxito, que estaría más desorientada que agradada con su adquisición. Existen muchos puntos de fricción posibles, sin que haya uno sólo de atracción, a menos que abandonemos cualquier idea de intervención en sus asuntos".

en un hecho probado, que afecta a toda la negociación. Se suponía que un intento de coerción semejante podría no ser muy eficiente; ahora es una verdad notoria que las Naciones extranjeras no dañan con ello más que a sí mismas. El barco mercante regular inglés o francés de velas cuadradas es desalojado, mientras que el barco costero o contrabandista nativo, en medio de una navegación difícil y en aguas poco profundas, hace lo que quiere. Vuestra Excelencia puede.estar seguro que el General Rosas no es el último en haberse convencido de esta verdad.

2°. El momento en el que la Misión llegó, ha sido el más favorable que ha existido para el General Oribe en cualquier oportunidad anterior, a contar desde su victoria en el Arroyo Grande en diciembre de 1842. La causa del General Rivera era considerada como perdida, y su falta de éxito en sus últimas operaciones, más que cualquier descubrimiento respecto a su carencia de méritos, le ha. aJ.iQna do abiertamente las simpatías de sus amigos los franceses. El General Rosas está muy consciente de esto, y está dominado por la idea que, debido a su verosimilitud es aún más difícil de rebatir, de que la Misión ha llegado para solucionar cuestiones que se hubieran resuelto por sí mismas, de habérselas dejado solas y hasta de una manera mucho más satisfactoria para él que por medio de la intervención de los extranjeros.

El 1° punto ha provocado confianza en la propia fuerza, y el 2° poca disposición para negociar".

Si el fracaso del bloqueo aparece fundado en causas exclusivamente materiales - ni se mencionan los sacrificios que impone, ni la victoriosa resistencia que suscita - en el remate de la misiva se trasciende aquella minimización de los sucesos:

"Para resumir este despacho, no existe ningún país en el Universo donde la Diplomacia Europea se hallará siempre tan indefensa, y en verdad, tan, sin esperanzas, como aquí".

Tan cierto es, que el mismo Howden, completando la pintura del panorama que enfrenta, no puede a menos que explayarse sobre el protagonista de esa pétrea resistencia. Se excusa a sí mismo y no disimula una cierta sorpresa ante particularidades de la trayectoria política de Rosas, o de su manera de actuar:

"Como es perfectamente imposible para cualquiera que no esté en el lugar formarse una idea del estado de cosas extraño y anómalo que impera aquí, Vuestra Excelencia me perdonará si agrego algunas observaciones relacionadas con el General Rosas en persona.

Las circunstancias son tales en relación con el General Rosas que no tiene ninguna otra necesidad que el poder. Pertenece a una de las mejores familias del país y siendo uno de los hombres más ricos, vive de sus propias entradas y nunca recibe un centavo de sueldo. Tiene la disposición entera de los recursos públicos, pero nunca he oído que se atacara su integridad. No admite la influencia de nadie. Es evidentemente un hombre de comprensión lenta, llevándole mucho tiempo madurar una idea o una decisión, pero toma un tiempo aún más largo para cambiarla. No frecuenta ninguna clase de sociedad fuera de la de su hija; su diversión principal parece consistir en edificar; no tiene ni una pizca de información literaria, y como dice él mismo - el inglés no penetra la malicia porteña... - .nunca aprendió a estudiar nada, salvo el corazón humano. Al buscar los elementos del prestigio del General Rosas, falta totalmente uno que se presenta de manera natural. No tuvo nada para decir con respecto al establecimiento de la independencia de su país. Durante la lucha con la Madre Patria fué un hombre desconocido"

Evidentemente, el lord no descubre el secreto de la esfinge; analiza con patrón europeo: no nos asombra su fracaso. Pero, sube de punto el interés del documento cuando Howden atestigua y asienta sobre su laboriosidad; así, desbarata la versión contraria y bastante corriente, que nada es más falso:

"Puede verse a su gente de pie durante toda la noche, ya que cena a las 2 de la mañana. En una antigua monarquía reconocida que afirma existir por derecho divino, o en alguna tiranía asiática establecida mediante la espada, uno podría concebir que a través del misterio se aumentará el respeto, o disminuyeran las rivalidades; pero es difícil explicar, cuando se advierte que los mismos medios obtienen el mismo fin en un Gobierno puramente democrático en sus principios, y gobernado por un hombre que no pretende nada más que lo que le ha sido concedido libremente por la voluntad de sus iguales. Ayer fuí testigo de una demostración de esto, que fué notable. Era el aniversario del nacimiento de la República, día en que toda la ciudad se volcó en las calles, cada ventana estaba adornada con una bandera, hubo una Misa solemne en la Catedral, hubo saludos de todas las baterías, los Representantes del Pueblo, Ministros y Magistrados, todos se hicieron presentes. Uno hubiera pensado que si en algún día el jefe elegido de un estado debía haberse mostrado, hubiese sido ese, en el caso de que hubiera tratado de aumentar su popularidad. En reuniones semejantes de la población, sea cual fuere su causa, los Emperadores de Rusia o de Austria, o el Sultán de Constantinopla, <u>tendrían</u> que haber aparecido. La parte más extraordinaria de esta anomalía es la de que las tropas, más de cuyos dos tercios son voluntarios, compuestas de tenderos y hombres de importancia, todos los cuales guardan sus armas en sus casas, desfilaron ante las ventanas de Rosas, <u>que estaban cerradas</u>, y allí estallaban en las más entusiastas vociferaciones de vivas a su persona, y de muerte para sus enemigos, como si ofrecieran incienso a un Dios desconocido. Al mismo tiempo, no tiene centinelas en sus puertas, y hay entradas a su casa en todas las esquinas, que nunca están cerradas".

Concluye Howden, a modo de elogio:

"Considero que el General Rosas es en política tan liberal como cualquiera de sus compatriotas, y en dar protección a los súbditos británicos, creo que es tan amigo de Inglaterra como se lo permiten su sangre y nacimiento".

El divorcio se va produciendo (lenta, pero inexorablemente) entre los diplomáticos de la alianza interventora. A principios de junio, Howden, que busca la paz, no disimula un cierto desconcierto frente a acciones francesas que ponen tropiezos a la misma, haciendo notar[17] a Palmerston, que

"Mister Hood tuvo ventajas considerables al tratar solo. He experimentado esto, no sólo en todas las comunicaciones con el Gobierno, sino que lo veo a cada momento en mis relaciones sociales con la población, de parte de la cual, sin una sola excepción, soy tratado con una bondad cuyo tamaño no puedo exagerar. La información publicada en el 'Comercio del Plata' un diario de Montevideo que se supone es el órgano de expresión de Monsieur Deffaudis, según la cual este Ministro ha recibido la Gran Cruz de la Legión de Honor, y de que el Almirante Lainé ha sido ascendido, ha provocado aquí los peores sentimientos hacia el Conde Walewski y, por consiguiente, hacia la Misión. Esos testimonios de alta aprobación han sido considerados como recompensas por las crueldades cometidas en Paysandú, y he hallado completamente cambiado el

---

[17] Lord Howden al Vizconde Palmerston, Oficio N° 11, Confidencial, del 3 de junio de 1847, en Public Record Office, Londres, F.O. 6/133.

espíritu del Gobierno en sus comunicaciones, desde la llegada de esta noticia".

Rosas, entre tanto, continúa su prédica tendiente a lograr un resquebrajamiento entre los aliados. En este Oficio, Howden da cuenta de una entrevista que tuvo con él, haciendo un prolijo relato de la misma que le ofrece un panorama de la situación. Contiene pormenores de lo relatado por Rosas al comisionado inglés, incluyendo acerca de los contactos de Urquiza con la intervención foránea y descargando la culpa de su propio proceder en el enviado galo - lo que no es cierto, pero hábil de su parte:

"Hace algunos días el General Rosas quiso que su hija me dijera que deseaba volver a verme privadamente. Al presentarme, Su Excelencia comenzó diciendo que no deseaba referirse a ninguno de los puntos de las propuestas que estaban a consideración en ese momento, y que el único fin que se proponía era el de ponerme en conocimiento, de la manera más franca y confidencial, de alguna convicciones generales que existían en su propia mente. Me pidió que creyera que, aunque este país por cierto no tiene ninguna razón para estar muy contento con la conducta que los extranjeros han mantenido siempre hacia él, sus simpatías estaban enteramente en favor de Inglaterra; agregó, muy amablemente, que me consideraba personalmente como emparentado en sentimiento y en lenguaje, y que estaba dispuesto a hacer todo lo que, pudiera por complacerme. Dijo que si yo hubiera venido solo, la cuestión ya hubiera quedado terminada para esta fecha, pero que todos los intereses franceses, por su propia naturaleza, tenían que ser hostiles respecto a los suyos, y que era absolutamente necesario para él precaverse minuciosamente contra las posibles tendencias de cualquier cosa en la que ellos eran parte; que yo probablemente no era consciente de cuáles eran los puntos de vista de Francia respecto a esta parte del mundo, y de los medios que estaba empleando para llevarlos a cabo, que los brasileños, montevideanos y franceses estaban todos en una liga para establecer, ya sea un Protectorado o un Principado en el otro lado del río, que los brasileños y los montevideanos se estaban engañando los unos a los otros mientras trabajaban bajo la influencia directiva de Francia, ya que los primeros creen que van a absorber a Montevideo en el Imperio, mientras que los últimos esperan anexar Río Grande al Uruguay; que, en este momento, no sólo se están realizando esfuerzos considerables, sino que se está derrochando plata, para.sobornar al General Urquiza y para separar Entre Ríos y Corrientes de la Confederación, y que el Barón Picolet, el Encargado de Negocios de Cerdeña, era el Representante de todas las ocultas maquinaciones francesas y principalmente de Francia, que el plan había sido imaginado por Monsieur Deffaudis y Mister Ouseley en el interés de Francia que se convertiría en el gran conductor de los unitarios, que Mister Ouseley había estado trabajando todo el tiempo bajo la guía total del Ministro francés, y que le hubiera hecho el mismo mal a su país, que el que había intentado hacer a la Confederación Argentina".

Si, una vez más, Howden advierte el propósito de divorciarlo del Conde Walewski, nuevamente debe rendir tributo de verdad a los dichos de Rosas y cierra su Oficio con una curiosa postdata, en la que no se le escapa la ironía, velada por la aparente generosidad:

"No tengo la menor duda de que el objetivo principal de esta conversación fué el de tratar de separarme lo más posible de mi colega francés, para debilitar así el efecto de nuestra acción conjunta. Al mismo tiempo, creo que hay tanta verdad en lo que el General Rosas afirma, que considero mi deber informar estas observaciones a Vuestra Excelencia. El General Rosas me ofreció aprovisionar al escuadrón bloqueador, diariamente con carne, pan y verduras frescas. Por ineficiente que sea el bloqueo, me pareció que había algo demasiado infinitamente grotesco en una propuesta semejante como para que me fuera. permitido aceptarla".

Al informar[18] sobre un escollo insalvable que encuentra en su cometido, Howden le explica a Palmerston una faz de la intransigencia argentina.

"La dificultad de obtener del Gobierno Argentino algo parecido a una Declaración conjunta confirmando la Independencia del Estado Oriental es mucho más grande de lo que puede suponerse en Europa, ya que resida principalmente en otras razon.es que las que es probable se le atribuyan bajo la suposición de que abriga intenciones ambiciosas. Esta distinción está conectada con el punto sobre el que gira toda su Diplomacia, y es lo que ellos denominan la gran Cuestión Americana. Es decir, la decisión de no admitir nunca el derecho de ninguna Potencia Transatlántica de intervenir en los asuntos de este Continente bajo forma alguna, ya sea hostilidad o protección, y es por eso que miran una firma en común con dos Potencias Europeas, en una cuestión relacionada con la Independencia Americana, como una traición de su parte a este su gran principio".

Si don Juan Manuel de Rosas es el protagonista principal de esta epopeya, que frustra la tentativa europea de recolonización de la América española (José de San Martín le confiere su justa dimensión al compararla, en igualdad, con la Guerra de la Independencia) es asimismo Caudillo de su Pueblo y, en cuanto tal, arquetipo e intérprete del sentimiento nacional que, en relación con la intervención europea, se sublima en nacionalismo auténtico, para concretarse doctrinariamente en el Sistema Americano.

---

[18] Lord Howden al Vizconde Palmerston, Oficio N° 14, del 16 de junio de 1847, en Public Record Office. Londres. F.O. 6/133.

Desde Montevideo llega, es natural, el eco disidente. "Si Ud. estuviese aquí - le escribe Herrera y Obes a Lamas[19] - se sorprendería al ver el progreso que ha hecho, y lo que ha contaminado a todos nuestros hombres, aún a los mejor intencionados, la maldita doctrina. del americanismo de Rosas, debido también, es verdad, en gran parte, a la conducta insoportable de las legiones y de los legionarios".

Doble confesión que no es para echar en olvido. Por otra parte, no nos sorprende esta verdadera exasperación contra el sentimiento nacional de que hacen gala los áulicos "troyanos", sujetos espiritualmente a Francia y comercialmente a Gran Bretaña, mientras buscan atarse, políticamente, al Imperio vecino.

---

[19] Manuel Herrera y Obes a Andrés Lamas, con fecha 24 de octubre de 1848, publicado en Clemente L. Fregeiro, Op cit.

CAPITULO II

LA VICTORIA

(La Confederación triunfante en los Informes del Almirante Le Prédour)

"Espero pocas concesiones del General Rosas que es poco moderado en la victoria que alcanza sobre la Intervención".

(Almirante Le Prédour, Oficio al Gobierno francés del 18 de marzo de 1849)

Almirante Fortunate Le Prédour[20]

---

[20] www.todocoleccion.net

En las conclusiones a las que arriba en su monumental "Vida política de Juan Manuel de Rosas", Irazusta señala[21] que Urquiza privó a la Argentina como nación del influjo refundador de un héroe cuando estaba por aprovecharlo y cuya falta pesó tanto en su destino. Su afirmación surge de inobjetables testimonios de la época que la confirman. Entre éstos, el del Almirante francés Fortunate Le Prédour sobre la situación Buenos Aires y Montevideo y acerca de quien rige por entonces los destinos de la Confederación Argentina.

La primera de sus comunicaciones[22], fechada en el aniversario de nuestra Revolución "fundacional" el 25 de mayo de 1849, sostiene que:

> "Es preciso reconocer que el general Rosas es muy moderado en esta cuestión y que está muy dispuesto a anudar lazos de buen entendimiento con Francia e Inglaterra, habiendo impuesto a su aliado (Oribe) la obligación de arreglarse con nosotros bajo condiciones razonables".

---

[21] Julio Irazusta. Op cit., tomo VIII, pág. 327:"Ese prolongado influjo de un héroe fundador o refundador al frente de una empresa comenzada o reiniciada, que la Argentina como nación perdió, cuando estaba por aprovecharlo y cuya falta pesó tanto en su destino, Entre Ríos lo tuvo en Urquiza bastante a tiempo para librar a nuestra patria chica de los males que se reagravaron en la grande a la caída de Rosas; Urquiza privó a los argentinos en general del beneficio que habría podido darles el cumplimiento de una experiencia similar a la que para suerte de su patria chica se llevó hasta un plazo extremo".

[22] Almirante Le Prédour al Ministerio de Marina, con fecha 25 de mayo de 1849, en Ministerio de Asuntos Extranjeros, París, Correspondencia Diplomática. Buenos Ayres, 1849. El Almirante Le Prédour.

Sobre la Nueva Troya - designación que está entre las tantas fantasías de Dumas[23] - declara paladinamente su opinión y ofrece una advertencia en la que se trasluce la verdad aunque se queda corto:

> "Existe un sólo medio de satisfacer al gobierno de Montevideo, y es el de abatir y rechazar bien lejos a los generales Rosas y Oribe; pero eso no puede ocurrir hasta que Francia no envíe a este lugar un cuerpo de tropas de diez mil hombres. Yo permanezco frente a Montevideo con la 'Constitution', la 'Triomphante' y la 'Alcibiade'; esta ciudad está tan agitada, que hay en esta Legión[24] tres o cuatrocientos desertores de todas las naciones, cuyas malas pasiones inspiran un sentimiento de terror a toda la población ... los habitantes pacíficos están dominados de tal manera por la gente en armas, cuyas amenazas aterrorizan a todo el mundo, que reúno la mayor cantidad de fuerzas posibles para defender a los habitantes".

El contraste surge cuando se refiere a Buenos Aires, donde los barcos de guerra de su nación son, al fin, admitidos, donde habita "un número considerable de franceses, por lo menos 10.000; (y) nunca hay menos de quince a veinte barcos mercantes franceses en esa rada". Retomando el hilo de ese despacho en uno posterior[25], informa de manera definitoria que:

> "El 'Astrolabe', al llegar frente a Buenos Ayres ha saludado a la ciudad con veintiún disparos de cañón,

---

[23] "Montevideo ou une nouvelle Troie" (en español: Montevideo o la nueva Troya), es una obra literaria de Alejandro Dumas (padre), publicada en París en 1850. Es una novela corta, que consta de apenas seis capítulos, y de fácil lectura pero de lo más virulenta. En ella se hace una descripción terrible de Buenos Aires (Argentina), que se nos presenta como algo más que el mismo Infierno. En contraposición está Montevideo (Uruguay), el Edén. Mientras que los porteños sufren los peores males, que no son producto más que de su propia barbarie que se vuelve contra ellos, en Montevideo reina el refinamiento, la belleza, la cultura y la civilización que le aportan sus miras hacia Europa, especialmente Francia.

[24] Cuerpo de milicias francesas.

[25] Almirante Le Prédour al Ministro de Asuntos Extranjeros, con fecha 9 de junio de 1849, en Ministerio de Asuntos Extranjeros. París, Correspondencia Política, Buenos Ayres, 1849. El Almirante Le Prédour.

que le fueron retribuidos de inmediato, y el capitán de este barco alaba mucho las atenciones que le han sido prodigadas por los habitantes y por las autoridades de esa gran ciudad, donde el uniforme francés había dejado de verse desde hace cerca de cuatro años. Mi intención es la de mantener las relaciones de buena inteligencia que tan felizmente han sido establecidas entre nosotros y el General Rosas, el único hombre de este país que tiene suficiente energía y talento como para hacer respetar a los extranjeros en general poco recomendables que vienen aquí, sin dejarles el poder de introducir el desorden y la anarquía'".

El 11 de agosto, el Almirante Le Prédour vuelve[26] a considerar la situación de las dos urbes del Plata, señala la casi unanimidad y la intensidad en un sentido de paz en Buenos Aires, que desechan los que negocian con Francia en Montevideo y se refiere a los intereses privados de sus conciudadanos:

"'La población de Montevideo disminuye diariamente debido a la miseria intolerable que existe en esa ciudad; todos los habitantes pacíficos - es decir, aquellos que no participan del "negocio" de los subsidios, o del contrabando, que el bloqueo favorece - desean ardientemente que el Gobierno francés ratifique los proyectos de tratado que he negociado con los Generales Rosas y Oribe. La mayor parte de los franceses que han emigrado al Plata, residen actualmente en Buenos Ayres, donde existen en número de alrededor de nueve mil. El General Urquiza también los acoge muy bien en el Entre Ríos, lo que hace que todos abandonen Montevideo, donde pronto no quedarán sino los mil quinientos o mil seiscientos soldados legionarios que explotan los fondos del subsidio. Nuestro comercio continúa

---

[26] Almirante Le Prédour al Ministro de Asuntos Extranjeros, con fecha 11 de agosto de 1849, en Ministerio de Asuntos Extranjeros. París, Correspondencia Diplomática Buenos Ayres, 1849. El Almirante Le Prédour.

estando siempre en una situación próspera en Buenos Ayres, tenemos actualmente allí catorce grandes barcos franceses, y todos los Capitanes no tienen sino elogios de la protección que les es acordada por las autoridades del país".

Transcurre el tiempo y, a medida que se empapa de la situación en el Plata, más se confirma en sus juicios sobre ambas orillas del Plata; los que el Almirante eleva el 18 de septiembre a conocimiento de sus superiores con ruda franqueza[27]:

"Ya he tenido ocasión de rendiros cuenta, Señor Ministro, de la facilidad que han encontrado nuestros compatriotas de procurarse trabajo en Buenos Ayres o en otras ciudades de la Confederación Argentina; en contraste, restan en Montevideo alrededor de la cuarta parte de los que había hace un año, cuando se les había inspirado a propósito tantos temores respecto del Gobierno de Rosas. Han acabado por comprender las ventajas que podían recoger en Buenos.Ayres las personas que quieren llegar a hacer fortuna, o por lo menos al bienestar a.través del trabajo, y hacia allí se han ido. Aquí (en Montevideo) sólamente (quedan) los que especulan con el subsidio y con el aumento de los gastos que Francia podría llegar a hacer en este lugar, desean la venida de una expedición; es decir los miembros del Gobierno, algunos soldados que han renunciado al trabajo, y los 'cabaratiers', en cuyos mostradores queda la mayor parte de los doscientos mil francos que Francia gasta tan inútilmente aquí todos los meses. Creo que el bienestar de los franceses que se hallan aquí así como por el interés de nuestro comercio, convendría hacer cesar el espíritu de hostilidad que hemos manifestado casi constantemente hacia el General Rosas que es el Jefe más poderoso e ilustrado de toda esta parte de

---

[27] Almirante Le Prédour al Ministro de Asuntos Extranjeros, con fecha 18 de septiembre de 1849, en Ministerio de Asuntos Extranjeros. París, Correspondencia Diplomática Buenos Ayres, 1849. El Almirante Le Prédour.

América, para testimoniarle, por el contrario, interés, le halagaría mucho su orgullo, y daría presumiblemente los medios para·moderar el rigor de los actos que se le reprochan".

Ante las reiteradas renuncias de don Juan Manuel de Rosas, el diplomático británico Henry Southern aconseja a sus compatriotas firmar una petición para solicitar que el Restaurador continúe en el ejercicio del Gobierno. Pero el Almirante galo decide no imitar esa acción de su aliado. El 3 de noviembre explica[28] a su Gobierno, y esto es de subido interés para la investigación histórica:

> "Le confieso muy francamente, Señor Ministro; que no he podido animar oficialmente a nuestros connacionales, así como lo ha hecho Mister Southern con respecto a los suyos, a dar una muestra de estima y de reconocimiento al General Rosas, del que es ya bastante difícil soportar la tiranía momentánea, como para que haya que manifestar el deseo de que ella se prolongue indefinidamente. Sé bien que el General Rosas notará la diferencia que existe en esta circunstancia entre la conducta de Mister Southern y la mía".

A comienzos de 1850[29], enjuiciando la política "interventora" y dando un giro a la colaboración, por no decir complicidad, de los integrantes de la "Entente Cordiale" franco-británica en el Plata que surgía de aquella política, el Almirante informa:

> "Hace mucho tiempo que las emigraciones voluntarias de nuestros nacionales en la Banda Oriental hubieran establecido de una manera duradera muestra dominación en ese bello país, si no hubiéramos querido apresurar ese momento

---

[28] Almirante Le Prédour al Ministro de Asuntos Extranjeros, con fecha 3 de noviembre de 1849, en Ministerio de Asuntos Extranjeros. París, Correspondencia Diplomática Buenos Ayres, 1849. El Almirante Le Prédour.

[29] Almirante Le Prédour al Ministro de Asuntos Extranjeros, con fecha 21 de febrero de 1850, y su "post-scriptum" del día 28, en Ministerio de Asuntos Extranjeros. París, Correspondencia Diplomática Buenos Ayres, 1850. El Almirante Le Prédour.

recurriendo las armas. Los ingleses mal disimulan el descontento que les provoca la buena disposición que nos testimonia el General Rosas, el que nos acoge tan bien, y hasta creo poder decir, mejor que a ellos. El General Rosas no quiere que los ingleses se conviertan en los dueños arrogantes de su país, tal como lo son en el Brasil, al que cubren de ultrajes. Permitidme Señor Ministro terminar este despacho con una observación que me parece domina a todas las otras: es la de que Monsieur Daru al escribir en su informe - lo que es la exacta verdad - que la independencia de Montevideo no tenía más defensores que los Italianos y los Vascos franceses que residen en esa desgraciada ciudad, restó todo espíritu de patriotismo a la causa que parecía querer defender. El la muestra tal como es en efecto, desprovista del principio de nacionalidad que la haría respetable. Es sorprendente que en una plaza comercial tan importante como Buenos Ayres, el informe de Monsieur Daru no haya operado una gran fluctuación sobre los fondos públicos. El efecto ha sido completamente nulo, lo que me parece representar un índice irrefutable de la estabilidad que ha alcanzado el poder gubernamental del General Rosas".

Junto a la correspondencia medular de Le Prédour, el Archivo francés conserva otras piezas documentales que la refuerzan. El Ministro de Relaciones Exteriores de Francia, el 31 de mayo de 1850, remite[30] a su colega de Marina un informe del capitán mercante Jean Baptiste Eugene Chevenau, quien sostiene que :

"No existe quizá en América un país donde los extranjeros sean recibidos con más facilidad que en Buenos Ayres. La civilización marcha a grandes pasos en esta parte del nuevo mundo. Paseos

---

[30] El Ministro de Asuntos Extranjeros al Ministro de Marina, con fecha 31 de mayo de 1850, en Ministerio de Asuntos Extranjeros. París, Correspondencia Diplomática Buenos Ayres, 1850. El Almirante Le Prédour.

> públicos, embellecimientos, creaciones nuevas, todo se hace como para imitar a Europa, y los que son recibidos en sus fiestas y reuniones, presididas todas por Doña Manuelita, la hija del General Rosas, todos han estado en condiciones de apreciar con qué bondad y con qué distinción ella acoge a los extranjeros".

En el membrete del papel de escribir de Goury de Rostan reza: "Misión de Francia en el Plata. Dirección Política. Oficina de América y de las Indias". A fines de ese 1850 aquel le afirma[31] al Ministro de Relaciones Exteriores que el General Rosas

> "Ha alcanzado, en efecto, hoy en día, el fin que ha sido el móvil principal de su ingerencia activa, perseverante en los asuntos de la República Oriental: Ha atraído a su patria las migraciones que se dirigían a otros lados; ha desplazado el movimiento comercial que se dirigía de preferencia hacia Montevideo... Buenos Ayres debido a la presencia del General Rosas está al abrigo de las sacudidas políticas que detienen el desarrollo de la industria, paralizan las transacciones comerciales y ahuyentan la inmigración".

Ratificando el testimonio del Almirante francés Le Prédour y los demásfranceses citados sobre aquel presente de la Confederación Argentina, aparece lo que afirma el propio Ministro de Relaciones Exteriores del gobierno títere de Montevideo[32]:

---

[31] Goury de Rostan al Ministro de Asuntos Extranjeros, con fecha 28 de noviembre de 1850, en Ministerio de Asuntos Extranjeros. París, Correspondencia Diplomática Buenos Ayres, 1850. El Almirante Le Prédour.

[32] Manuel Herrera y Obes a Andrés Lamas, con fecha 16 de junio de 1849, citado en Clemente L. Fregeiro Op cit. pág. 9. En la misma obra y página, de entre las cartas se cita otra del 21 de diciembre de 1848, igualmente ilustrativa (y se adelanta en el tiempo, hacemos notar, a los juicios, que la extraña coincidencia revela justos, del Almirante francés) : "Calcula usted en qué estado debe estar esta población después de seis años de calamidades, de miserias, de sufrimientos? Tal vez no, porque eso es preciso verlo y tocarlo como aquí lo vemos y lo tocamos. Toda ponderación es aún lejos de.la realidad, muy especialmente, después de la última misión. No hay comercio, no hay trabajo, no hay dinero: las calles y las casas están vacías porque tal ha sido la emigración...Unos han emigrado para Buenos Aires y otros para otras partes. En cambio, de Europa nada

sabemos; Buenos Aires está en un grado de prosperidad que a todos pasma. Su aduana dió el mes pasado (noviembre de 1848) 600.000 pesos plata".

Por otra parte - en "Correspondencia Diplomática Privada del Dr. Manuel Herrera y Obes con los principales hombres públicos americanos y europeos. 1847-1852". Montevideo 1901, tomo I, págs. 190 a 195 -, la suya a José Ellauri, representante en París, del 13 de septiembre de 1848, es prueba irrefutable del sentir colonialista de la Defensa montevideana.

Afirma en su carta: [11] Nuestra situación es una verdadera crisis. La vida ó la muerte están en suspenso. A la altura á que han llegado las cosas, nuestro destino se fijará, irrevocable y definitivamente, con la resolución que á esta fecha supongo habrán ya tomado los gobiernos interventores. Algo más: si ella es en nuestro favor y aquellos poderes asumen una posición enérgica y decisiva, creo también que será la muerte de Rosas".

En contraposición, que lo aterra: "Además, el furor popular en favor del sistema americano y contra todo lo que no es de estas tierras, nunca se ha desplegado más sistemado y compacto en estos últimos tiempos. En la sala de Representantes, en la prensa, en el púlpito, en el teatro, en todas las reuniones públicas,, en fin, no se preconiza ni se recomienda más que un odio y rencor salvaje a todo lo que es extranjero, procurando, con los discursos más apasionados y selváticos, embriagar el corazón del pueblo, para que a la menor señal tenga lugar otra Sanarthelemy, ó vísperas sicilianas. ¿ Conseguirá su objeto? ¿Con tales hechos amedrentará a esos Gobiernos? No lo espero".

Al noticiarlo sobre la correspondencia que recibe el Gobierno argentino de sus diplomáticos en Europa, revela el espionaje en la propia Buenos Aires: "Ya te he dicho que todo esto lo·tengo de un modo fidedigno, pues es preciso que sepas, ya Rosas tiene traidores en aquellos que hasta ahora mejor le han servido".

Alienta esperanzas: " ¿Qué porvenir en presencia de tales hechos pueden esperar estos pueblos, de la consolidación del Gobierno de Rosas, de la influencia de sus hombres y de sus cosas? Repito, nadie se hace .ilusiones a este respecto. Europeos y americanos miran como necesidad y una garantía de seguridad la. desaparición del poder de Rosas y la destrucción completa de su sistema gubernativo. Todo está preparado, la más pequeña chispa producirá el incendio; pero es preciso que ella parta de un foco poderoso y muestre donde está el inagotable receptáculo de fuego con que ha de convertirse en cenizas el horrendo edificio que han levantado, en estos países el desencadenamiento de las pasiones más criminales. ¡Quiera Dios que si tal sucede quede a lo menos por resultado una fuerte lección de experiencia y que de ella sepamos sacar todo el provecho que promete. Empéñate en hacerlo comprender así a ese Gobierno, cierto de que es la verdad. Si quieren hacer algo ninguna ocasión es más propicia para ellos y para nosotros".

El intervencionismo al desnudo: " ¡Que suceso el del 23 de junio!" - dice, refiriendo a las sangrientas jornadas del levantamiento extremista en París - Aquí nos ha dejado estupectados. Para mí es el hecho más trascendental y colosal de la historia moderna. Toda la vida de las sociedades actuales se ha jugado esos días en las barricadas de París. Me espanta cuando pienso en las consecuencias que hubiera tenido el triunfo de los revolucionarios. ¿Ni aún así verá la Francia que la cuestión del Plata es eminentemente europea por los intereses que en ella tiene? En efecto, es una de las cosas que nunca he podido comprender: la imprevisión, la carencia completa de miras políticas, de que han dado marcadas pruebas los dos Gobiernos, que por el todo de sus circunstancias estaban llamados a ver en nuestra lucha, algo más que el simple compromiso moral de los tratados, la independencia de un Estado extranjero o las pretensiones personales de dos caudillos que se disputaban el poder.

¡Cómo están aquellos dos países a brazo partido con el pauperismo, que engendra una superabundancia desmedida de población y de producción y en los riquísimos y hermosísimos desiertos de nuestros vastos países, no han visto el único medio de dar fin a los gravísimos conflictos de un combate, que no puede ser menos que de muerte, para

> "Todo el mundo se va a Buenos Aires; todos los establecimientos de giro se cierran; todos los capitales emigran o se esconden; y lo que es peor, la plaza está escueta de renglones alimenticios. Esto dará a usted una idea de cómo estaremos de afligidos y exasperados"

Hay un documento que sirve de engarce en este sentido, pues, si marca el cumplimiento de la Misión Le Prédour, señala también la victoria argentina y el desasosiego brasileño por la misma, punto de partida aquella traición. El 27 de julio de 1850, Sonnleithner, Encargado de Negocios de Austria en Río de Janeiro, oficia[33] lo siguiente al Príncipe von Schwarzenberg, Ministro Presidente, Ministro de Asuntos Extraños y de la Casa de S.M. Imperial y Real Apostólica:

> "Las últimas noticias del Plata, del 6 del corriente, aseguran que el 18 de junio se concluyó una Convención entre el Almirante Le Prédour y Rosas bajo la reserva de la ratificación por Francia, lo que implica la terminación definitiva de la cuestión de Montevideo. El Almirante Le Prédour se habría distanciado de las modificaciones deseadas por Francia respecto al proyecto de convención del año anterior, habría firmado un tratado totalmente

---

su prosperidad y bienestar. ¿Qué se necesita para que las poblaciones y los capitales emigren por su propio interés, y vengan a establecerse en las fertilisimas sabanas de nuestros campos, levantando ciudades populosas y estableciendo grandes establecimientos industriales sobre las riberas de nuestros majestuosos y caudalosos ríos? Franquicias, libertades, seguridad. Y Rosas ¿qué promete? Barbarie, exclusivismo, salvajismo, tiranía, crueldad espantosa. íY Rosas no ha sido derriba**do,** y su sistema **no** ha sido aniquilado, y sus enemigos, que no querían más que la planificación y desarrollo de las instituciones, de la más avanzada civilización, basadas en aquellas franquicias, libertades y seguridad, han sido abandonados, combatidos y anonadados· por la política torpe y maquiavélica, de esos dos Gobiernos, que están a la cabeza de esos dos pueblos, más populosos, más ricos y más civilizados de Europa.... "Repito, para mi es incomprensible. Dejar de conquistar estos países por las simples, pacíficas y legítimas, invasiones del interés privado y de una política humana y liberal, para venir, tal vez, antes de poco tiempo, a encharcarlos en sangre y arruinar estos pueblos con todos los estragos de una guerra desoladora. Es preciso confesar, que lo que ha pasado entre nosotros, es más que suficiente para dar prosélitos al sistema americano de D. Juan Manuel".

[33] Encargado de Negocios Sonnleithner a Félix von Schwarzenberg, Oficio N° 9 del 27 de julio de 1850, en Haus-Hof-und Staatsarchiv Wien (Archi**vo** Imperial de Viena) "Brasil. PA XXXVI/8 (1849-1850) ".

favorable a Rosas en todos sus puntos, que contiene, entre otras, las siguientes disposiciones: El retiro de las tropas argentinas tendrá lugar simultáneamente con el desarme de la legión extranjera en Montevideo y en el estado oriental quedará una cantidad de tropa argentina equivalente a las fuerzas francesas de tierra y mar. Dos meses después del intercambio del convenio de paz ratificado, las tropas francesas serán embarcadas hacia Francia y recién después de su retirada el territorio oriental será evacuado por las tropas argentinas. El proyecto de convención francés del año anterior establecía que la flota francesa al entregar los barcos de guerra argentinos saludarían a la bandera argentina con 21 cañonazos. El Gobierno francés había aceptado este artículo y exigido que esas disposiciones fueran retribuidas por parte argentina. Ahora el General Rosas, y esta es la única concesión de la convención, aceptaría esa exigencia con la declaración de que aunque no estaba obligado a hacerlo, tendría esa amabilidad. Ya que la convención firmada en Buenos Ayres sólo incluye las diferencias con la República Argentina, se concertará un tratado separado con el General Oribe acerca de los asuntos de Montevideo, para cuyo fin el Almirante Le Prédour se dirige a el Cerrito. Las. propuestas que haría al General Oribe serían las siguientes: 1. armisticio hasta el arribo de la ratificación del Gobierno francés; .2. devolución de los bienes confiscados; 3. Oribe renuncia a la presidencia; 4. instalación de un Gobierno compuesto de 4 miembros de las Asambleas de el Cerrito y Montevideo presidido por el General Oribe como presidente; este cuerpo convocará elecciones para la elección definitiva de Presidente. Las tropas francesas se hallaban aún en tierra y su embarque dependía del éxito de las negociaciones del Almirante·Le Prédour en el Cerrito. En el caso de que se confirmaran estas disposiciones del tratado, lo que no tengo motivos para poner en duda, entonces también esta intervención ha llegado a su fin, proporcionándole un triunfo moral a Rosas, lo que es especialmente inoportuno para el Brasil".

CAPITULO III

LA PAZ

(Entretelones de julio a diciembre de 1841 según Lord Normanby)

"Quedé en verdad muy sorprendido cuando ayer recibí el despacho N° 556 de Vuestra Excelencia, que constituyó el primer indico que tuve de que con el correo de septiembre se habían enviado a Mr. Southern instrucciones para ratificar el Tratado propuesto con el Gobierno de Buenos Aires".

(Lord Normanby, oficio al Gobierno inglés del 2 de diciembre de 1849)

Constantine Henry Phipps, first Marquis of Normanby 1797-1863[34]

I

Las vicisitudes - que no son escasas, ni superficiales - por las que pasa la "entente cordiale" durante el interregno de su Intervención conjunta en el Plata impactan en el Gobierno revolucionario francés de 1848, que expresara sus deseos de que estén ya arreglados los problemas y dejara en manos del Almirante Le Prédour, su jefe naval en la región, concluir las tratativas. De hecho, cesa la Intervención.

Al parecer, la caída de la monarquía orleanista habría de tener como efecto que Francia se adelante a Gran Bretaña en concluir la paz de derecho;   más, la reacción de junio desaloja, en París, a los vencedores de febrero: la Asamblea Constituyente - bajo la presión de enormes y no santos intereses - resulta, a la postre, tan enemiga de la Argentina y del Uruguay como la misma desaparecida Cámara monárquica. Un proyecto de despachar a Montevideo a miles de ciudadanos indeseables que toman parte en dicha insurrección,con el pretexto de colonizar, ofrece buen argumento para dilatar las deliberaciones.

En efecto, con el fin de apaciguar la intranquilidad de los trabajadores provocada por la crisis que desata la revolución, el Gobierno Provisorio crea los talleres nacionales que ocupan a más de cien mil personas. El peligro que semejante masa - agitada por ideas extremistas - representa para el Estado, induce a su disolución el 22 de junio de 1848. Cinco días de encarnizada.batalla son la consecuencia; de la que queda, como residuo, un extracto humano temible que torvas maniobras, que las autoridades intimidadas miran con favor, quieren desviar hacia el Plata.

El descontento que despierta en Francia la marcha de los acontecimientos lleva, el 10 de diciembre de ese año, a la elección de Luis Napoleón Bonaparte como Presidente por notable mayoría como reacción contra los excesos. En mayo de 1849, la Asamblea Legislativa sucede a la Constituyente. De entre los diputados el Primer Magistrado designa a Alexis de Tocqueville como Ministro de Asuntos Extranjeros.

Así se desvanecen justas esperanzas; pero no se salva la "entente". Por una parte, la victoria de Vences esfuma el sueño inglés de desmembrar la Confederación Argentina. Por otra, repugna a Palmerston seguir de aliado de Francia: o bien, por haber devenido republicana, o sino porque en esos momentos las ideas internacionalistas de la Revolución conducen a la guerra de redención (como en 1793). No precisa más el León británico para ganarle de mano al Gallo francés.

Se afirma [35] con exactitud, que "durante el transcurso del primer semestre de 1849, el Gobierno de Napoleón, que era mucho más conservador que su predecesor revolucionario, poco hizo con respecto a los asuntos del Plata, sino dejar pasar el tiempo", los despachos de Normanby demuestran que, a pesar de sus insistentes reclamos, no cambia la actitud francesa en lo que resta del año. Recién hacia el final del mismo, cuando el General de la Hitte es llevado al frente del Ministerio de Relaciones Exteriores, parece encararse, con seriedad, en París, el problema de la paz. Casi contemporáneamente con ese cambio de actitud, la revelación inesperada acerca de la acción separada de Gran Bretaña confirma que ya se había roto la "unidad" política de los aliados en la Intervención. Sin embargo, en esta cuestión del Plata, Inglaterra sigue pretendiendo que Francia haga lo mismo que ella.

II

El embajador de Su Majestad Británica ante el Gobierno de Francia, Lord Normanby eleva sus comunicaciones oficiales al Vizconde Palmerston, quien se ha vuelto a hacer cargo del Foreign Office, en junio de 1846.

Las correspondientes a la segunda mitad de 1849 informan en detalle los intercambios entre los aliados acerca del Plata. En el Oficio N° 354[36] del 2 de julio, Normanby resume "algunas conversaciones"

---

[35] John F. Cady, "La intervención extranjera en el Río de la. Plata". 1838-1851 Buenos Aires, 1943, pág. 264.

[36] Lord Normanby - Oficio N° 354 del 2 de julio de 1849, en Public Record Office. Londres, F.O. 27/846. Dado que toda la documentación citada se encuentra en el Public Record Office, omitiremos en adelante mencionar el repositorio en este capítulo.
Las Bases Hood, a las que se alude en el texto, Julio Irazusta - en "Vida Política de Juan Manuel de Rosas a través de su correspondencia", Tomo 5, págs. 342 y 343 - las resume "en que: 1) Rosas colaborase con los anglo-franceses en lograr una suspensión de hostilidades en la Banda Oriental; 2) que el desarme de los legionarios extranjeros sería simultáneo; 3) con el retiro de las tropas argentinas auxiliares de Oribe; 4) que desarmados los extranjeros y retirados los argentinos de la Banda Oriental, se levantaría el bloqueo y serían devueltos Martín García y los barcos argentinos en lo posible en el estado en que fueron tomados; 5) que la navegación del Paraná sería reconocida como interior de la Confederación Argentina...en tanto que la República continuare ocupando las dos riberas del río; 6) que los principios seguidos por los anglo-franceses **al** intervenir en el Plata serían aplicables a Inglaterra y Francia; 7) que efectuado el desarme en el

que mantuviera con Alexis de Tocqueville, que en esos momentos dirige aquella cartera, del que opina "que su deseo es el de concluir el Tratado si encuentra que puede conseguir el apoyo de la Asamblea". Tocqueville espera despachos del Almirante Le Prédour, enviado a negociar con Oribe - "preliminar necesario para cualquier decisión final", define - ; pero, cree que "no puede tardar en resolverse respecto a la línea general a adoptar, porque el crédito está exhausto". Se refiere al dinero "prometido por el Cónsul francés y concedido por la Asamblea Constituyente, para para el apoyó temporario a los colonos franceses en Montevideo", proponiendo a ese Cuerpo legislativo "una prolongación ulterior de la misma ayuda".

En su informe Normanby puntualiza que con respecto a la intervención en el Río de la Plata lo halla a de Tocqueville:

> "considerablemente embarazado para decidir acerca de la cuestión por la que siente disgusto, echando la culpa de ello a la conducta seguida con anterioridad, pero no deja de experimentar intranquilidad en vista a la forma en que los diferentes Partidos en la Asamblea podrían reaccionar frente a lo que considerarían como una concesión humillante a

---

Uruguay se procedería a elegir presidente oriental, previa declaración de que Oribe aceptaría el resultado.de la elección; 8) que Oribe decretaría amplia amnistía para las personas y las propiedades, de la que sólo quedarían excluidos los emigrados más peligrosos, que a pedido de Buenos Aires podían ser deportados de Montevideo al puesto más próximo, a su elección; 9) que aceptadas esas bases por Rosas y Oribe, si el gobierno de Montevideo las rechazaba, los interventores abandonarían la plaza, previa garantía de Oribe a todos los extranjeros residentes en la ciudad o en la campaña, "sobre todas las eventualidades que pudieran presentarse".

A esto, don Juan Manuel de Rosas solamente objeta - seguimos a Irazusta, obra y tomo citados, pág. 343 - "que la 4ª proposición, relativa al levantamiento del bloqueo, pasara a primer lugar dijo aceptar **la** 5ª bajo el concepto de que el derecho a la navegación del Paraná como río interior no podía alterarse ni suspenderse en ningún tiempo ni caso, por el hecho de la rebelión en cualquiera de las provincias argentinas", y de que la declaración contenida en ella no importaba **una** exclusión del derecho que la Confederación Argentina tenía en común con el Estado Oriental en el Río Uruguay; y que en cuanto a la 6ª se reservaba el derecho de discutirla con los gobiernos de Francia e Inglaterra, en la parte que hacía relación con la aplicación del principio. El resto lo aceptaba como estaba, salvo lo que competía a Oribe, a cuya aceptación supeditaba la suya".

"El 31 de julio - prosigue Irazusta - Mr. Hood aceptó las modificaciones propuestas por el gobierno argentino, y dio por acabado el arreglo, en nota oficial que incluso agradecía las atenciones recibidas".

La paz es desbaratada por los falsos mediadores Ouseley y Deffaudis y el "gobierno" fantasmal de Montevideo.

> Rosas. Por lo que se refiere al arreglo en sí mismo (Tocqueville sostiene) que había sido alterado desventajosamente con respecto a lo que se llamaba la base Hood (y que) dudaba de la sinceridad de Rosas, ya que todo se hacía depender de la buena voluntad de Oribe".

Normanby le ofrece copias de los Oficios de Southern y su correspondencia con Le Prédour, "por los que podría ver que los dos Agentes, que se encontraban en el lugar mismo de los hechos, creían haber recibido pruebas de que Rosas actuaba con seriedad", mientras que él, por su parte, pensaba "que una ocasión semejante para poner fin a esta cuestión aparentemente interminable, no debía perderse". También le expone "lo que me parecía serían los inconvenientes y los males de una prolongada .acción por separado en aquellos lugares". A continuación se explaya sobre un problema conexo en el que queda claro que, reducido al perímetro de la Ciudad, el titulado Gobierno de Montevideo extraña la "colonización" proyectada:

> "La.cuestión más bien se ha complicado con la formación de lo que algunos denominan una Legión, y otros, un cuerpo de emigrantes, reunido por una Compañía para colonizar una parte del territorio de Monte Video. Está integrado por espíritus inquietos de diversos orígenes a quienes la Revolución en sus diferentes etapas dispersó por el mundo. De acuerdo con la intención que se abriga, ellos deben emprender viaje sin armas e independientemente del Gobierno: creo que alcanzan a unos cinco mil. Su partida será incompatible, como se lo dije a Monsieur de Tocqueville, con cualquier proyecto de paz en aquellos lugares y su solo anuncio podría ser suficiente para inducir a Rosas a retirar el arreglo proyectado. Por otro lado (el Gobierno francés) se ve muy presionado por las Autoridades Policiales para que permita su salida, pues, aunque no procedan, como podría parecer, de las peores capas de la población, están tan privados de cualquier medio de subsistencia, que ello convertiría el hecho de

retenerlos aquí, en un peligro adicional para la paz pública".

Ese mismo día[37], recibe despacho de Londres, en el que se le instruye "urgir al Gobierno Francés a enviar por el paquebote que sale mañana 4 de julio, las instrucciones a su Agente, para que firme la Convención con el Gobierno de Buenos-Ayres". Normanby se remite a su Nota anterior, para demostrar la.imposibilidad de "cumplir con sus órdenes"; pero, ya en la mañana del 3, vuelve a ver a Tocqueville, y ha "insistido en transmitirle los pensamientos" del Gobierno inglés, tanto como en encarecerle "la inoportunidad de permitir la formación de un cuerpo de emigrantes tal como el que se tenía la intención de enviar a Monte Video". Sobre ello, puntualiza opiniones que dejan en claro que Gran Bretaña, que ya ha comprendido que la Intervención conjunta ha entrado en un callejón sin salida. Al tiempo que demuestra su voluntad de llegar a la paz en el Plata, no está dispuesta a dejar el campo libre a otro imperialismo, para que se enseñoree de la región:

> "Es verdad que sólo se pensaba autorizarlo ante el pedido expreso del Gobierno existente en Monte Video. No tenía un carácter nacional, y estaba ostensiblemente bajo el control de una Compañía, pero el objetivo que el Gobierno tenía en vista, o sea, el de alejar de París a un cierto número de personajes molestos, le daba al proyecto la apariencia de una intervención indirecta de carácter público, y probablemente sólo sería la prosecución, bajo otra apariencia, de esa especie de interferencia realizada con el consentimiento de Monte Video, que tendría el inconveniente, aunque no el nombre, de un Protectorado, y eventualmente comprometería la independencia de ese País de una manera. tal, que no podría dejar de excitar los celos de otras potencias'. Monsieur de Tocqueville me prometió que le concedería todo el valor que se merecen a las consideraciones sobre las que le insistía, siempre que la cuestión llegara a ser .discutida en el Consejo, y

---

[37] Lord Normanby, Oficio N° 357, del 3 de julio de 1849, en F.O. 27/846.

me inclino a deducir, por las observaciones que hizo, que su propia opinión, debido a las informaciones de que dispone ahora, no es desfavorable a un rápido arreglo de la cuestión, de concierto con el Gobierno de Su Majestad".

Relacionada con este Oficio, una carta de Palmerston[38] - el borrador lleva su inicial - , es enviada con fecha 4 de julio al Almirantazgo, y un día después, al mismo Normanby. En ella se le hace conocer al Embajador la imposibilidad de responder, en ese día

> "a las propuestas hechas por el General Rosas, y como sería muy deseable poner fin a los desgraciados asuntos del Río de la Plata, con tan pocos retardos como fuera posible, el Gobierno de Su Majestad despacharía un barco pequeño con instrucciones para Míster Southern, sin esperar el correo del mes que viene, si el Gobierno Francés estuviera dispuesto, al mismo tiempo, a enviar mediante ese barco o por uno propio, un mensajero con sus instrucciones al Almirante Le Prédour".

El 9 de julio, en un nuevo Oficio[39] relata conversaciones siguientes con Tocqueville, que lo lleva, como de la mano, a realizar atinadas observaciones:

> "He insistido ante él respecto a la necesidad de una pronta decisión" - sobre la cuestión del Plata. En cuanto a la substancia del Tratado en sí mismo, Monsieur de Tocqueville sólo planteó dos dificultades: que no mencionaba que Oribe fuera a quedar sujeto a una reelección; y que no había ninguna provisión expresa acerca de una amnistía. Le dije que recordaba que estos dos puntos habían sido

---

[38] Vizconde Palmerston, Borrador de carta del Foreign Office al Almirantazgo, con fecha 4 de julio de 1849, y la misma a Lord Normanby, con fecha 5 de julio de 1849, en F.O.27/846. La comunicación contiene también esta recomendación, que demuestra la seguridad y rapidez con que se quiere proceder: "Cerciorarse por el Almirantazgo si esto podría hacerse sin mayores inconvenientes".

[39] Lord Normanby, Oficio N° 369, del 9 de julio de 1849, en F.O. 27/846.

> mencionados en.algunos de los despachos de Mister Southern, e hice referencia al de usted N° 17, del 4 de abril, en el que encuentro declarado que queda completamente sobreentendido que el General Oribe se someterá a una elección. Parecería, sin embargo, que ambos puntos serían tratados, como es natural, en una Convención separada con Oribe". Constituye una prueba adicional de los esfuerzos que se hacen aquí para presentar bajo una luz equivocada los hechos del caso por parte de ese poderoso partido que está deseoso de que no haya paz con Rosas, la circunstancia de que todos los diarios franceses publicaron ayer, en base a las últimas noticias llegadas del Río de la Plata, que Oribe había rehusado su consentimiento a la Convención propuesta, cuando fué precisamente ese medio de difusión, el que trajo la información auténtica de un carácter contrario".

Pero, la mayor preocupación, para el diplomático la motiva la "colonización", proyectada por Francia (y objetada por el Gobierno británico).

> "Le comuniqué a Monsieur de Tocqueville la opinión de Vuestra Excelencia en cuanto a la inferencia que hay que deducir de una expedición como la que existe el propósito de enviar a Monte Video. Monsieur de Tocqueville rechazó la idea de que una expedición del carácter peculiar del de la proyectada, pudiera involucrar necesariamente una intención de conquista u ocupación de territorio, pues ella sólo representa una continuación de ese apoyo al Gobierno de Monte Video, que había constituído la anterior línea de conducta, tanto de Inglaterra como de Francia".

Lord Normanby rebate el argumento, afirmando:

> "que sería muy fácil demostrar que nada de lo que había ocurrido en cualquier momento previo estuvo expuesto a tales objeciones como las que ocasionaría aquella decisión, en ese preciso momento; pero como yo suponía que él mismo no estaba dispuesto a autorizar la empresa, no insistí ya más sobre la cuestión, ni detallé las objeciones particulares que veía en un proyecto que él, por otra parte, estaba dispuesto a dejar de lado".

El 17 de julio resume[40] Normanby una nueva conversación (de esa misma mañana) con Tocqueville, sobre "las negociaciones pendientes respecto al Río de la Plata". El Ministro le informa "que nada se había recibido todavía en lo concerniente al arreglo con Oribe" y "que todo lo que a ello se refería, dependía de ésto". Renueva Tocqueville sus anteriores objeciones: la necesidad de imponer la reelección de Oribe y la amnistía. Con no menor persistencia y manifestando la urgencia de paz que no disimulan los británicos (deseosos de liquidar, cuanto antes, ese mal negocio), el Representante británico hace notar en su informe que:

> "Otra vez destaqué que la cuestión de una nueva elección era mencionada por Mister Southern como un punto alcanzado, y que, en principio, yo creía que la Amnistía tenía que ser considerada como incluída en esa mención, ya que nadie podía ser castigado políticamente por resistir a una autoridad que requería ser creada de nuevo y que abrigaba pocas dudas que las noticias del Almirante Le Prédour serían probablemente satisfactorias respecto a estos dos puntos. Declaré que era de la mayor importancia que no se ofreciera ninguna alternativa que requiriera futuras consultas, sino que cuando saliera de aquí la contestación, pudiéramos considerar toda la cuestión

---

[40] Lord Normanby, Oficio N° 390, del 17 de julio de 1849, en F.O. 27/846. El documento contiene la siguiente anotación de Palmerston y la correspondiente respuesta: "¿No contenían algunos de nuestros últimos Despachos algo sobre estos dos puntos? Si es así, que se envíen a Lord Normanby". P. 29/7-49: "Copias de los últimos despachos de Mister Southern y del Capitán Gore respecto a los asuntos del Río de Ia Plata fueron enviados a Lord Normanby".

como liquidada. Monsieur de Tocqueville asintió, y dijo que en cuanto la información estuviera completa, y adoptada la decisión del Consejo, él propondría enviar a alguien hacia allá de inmediato, con plenos poderes para resolver sin ulteriores consultas".

Recién el 23 de julio, puede elevar al Vizconde Palmerston la esperada nueva[41]: el Gobierno está en conocimiento de que Le Prédour "había concluido un acuerdo "ad referéndum" con el General Oribe, en el que se hallaban incluidas las dos estipulaciones deseadas concernientes a la reelección y a la Amnistía", y el Almirante agrega "que enviaría a su patria el proyecto de Tratado propuesto en una fragata francesa que probablemente llegaría con la misma rapidez que las noticias adelantadas en esta ocasión".

Recalca Normanby su diligencia:

"Otra vez urgí a Monsieur de Tocqueville (quien) estaba ansioso de entrar en posesión del actual proyecto de Tratado con Oribe" - "ante estas circunstancias, a que no perdiera tiempo en llegar a una decisión favorable respecto a la cuestión. Me contestó que estaba muy ansioso de hacerlo así, entre otras razones, porque la Comisión de la Asamblea no autorizaría el pago de cuentas que ya habían sido aprobadas con el acuerdo de la Asamblea Constitucional, para alivio temporario de los montevideanos, hasta ser informada por él sobre cuál sería el curso ulterior que seguiría el Gobierno".

Evacuando una consulta del Foreign Office, relacionada con "una suma de dinero que se proyecta votar como subsidio para los montevideanos, de conformidad con la Convención del 12 de junio de 1848", Normanby destaca[42]:

---

[41] Lord Normanby, Oficio N° 396, del 23 de julio de 1849, en F.O. 27/846.

[42] Lord Normanby, Oficio N° 402, del 26 de julio de 1849, en F.O. 27/846. Adjunta la exposición de Tocqueville referente al Proyecto de Ley presentado a la Asamblea Nacional Legislativa de Francia, en la sesión del 10 de julio de 1849, "Relativo a un crédito extraordinario a abrirse para asegurar, durante una parte del año 1849, el pago del subsidio aprobado a título de adelanto, en favor del Gobierno de Montevideo, por la convención del 12· de junio de 1848".

"que parece que se hicieron adelantos semejantes de tiempo en tiempo al Gobierno de Monte Video para el mantenimiento del Corps Francs - sic, en el original - y para sostener a otros residentes franceses, desde el período en que las relaciones de Francia con esas dos Repúblicas asumió su carácter actual, habiendo tenido, según parece, el Cónsul cierta discreción para fijar el volúmen de esos adelantos, cuya naturaleza no estoy en condiciones de precisar con exactitud. El año pasado, después de la Revolución - añade - cuando estas sumas fueron autorizadas por el Consejo se hizo necesario obtener la autorización de la Asamblea Constituyente para poder pagarlas. Esta fué concedida, pero en el entendimiento de que no sólo habría un límite, sino también un plazo para cualquier pago futuro. No puedo decir con exactitud hasta qué punto esta intención fué participada al Cónsul, pero cuando hice algunas averiguaciones ante Monsieur de Tocqueville el mes pasado, vinculadas con la naturaleza de esa decisión, me aseguró que se trataba sólamente de una continuación temporaria de la autorización impartida el año pasado, la que era necesaria, en gran medida, por la falta de fondos que, por otro lado, eran necesarios para pagar cuentas ya emitidas y que estaban vencidas".

El Ministro recuerda que la Asamblea aprobó dos, por 600.000 y 640.000 francos, respectivamente. "Estos créditos - le advierte - están agotados, y ya se han presentado numerosos giros para su aceptación; muchos hasta están por vencer. El Ministerio de Relaciones Exteriores está desprovisto de los fondos necesarios para liquidar los pagarés emitidos por nuestro Cónsul General". "Vengo a pedir a la Asamblea Legislativa que asegure la aceptación y el pago de esos pagarés, sometiendo a su examen y a su voto un proyecto de ley que abrirá al departamento de relaciones exteriores un crédito de un millón ciento cincuenta mil francos (1.150.000 fr.), cuyo empleo será distribuido conforme a la convención del 12 de junio de 1848 .

"Tengo el honor de adjuntar en apoyo de este pedido una lista de los giros vencidos o a vencer próximamente, hasta la concurrencia de la suma de 1.150.000 francos, que forman el crédito a acordar".

El Proyecto es enviado a la Comisión de·créditos Suplementarios, para su urgente consideración.

La ayuda financiera durante la Guerra Grande, en lo que respecta a los unitarios y sus aliados, ha sido citada y fundadamente estudiada, tanto como para aventar la leyenda (entre tantas) de la "Nueva Troya"; aquí debemos hacer resaltar la preocupación inglesa. Conocido por el Gabinete de Londres el efecto corruptor de las dádivas monetarias, lo preocupa la generosidad francesa. Normanby, a su vez, hace suya esa inquietud de sus superiores y reconoce[43] como fruto de su actividad que:

> "Tengo que corregir en ciertos aspectos de la información que había recibido del Ministerio de Relaciones Exteriores aquí, en vista del resultado de ulteriores investigaciones personales mías, en cuanto a la naturaleza de la Convención del año pasado, que autorizaba adelantos de fondos al Gobierno existente de Monte Video. Parece que mi informante hizo una confusión entre algunos adelantos irregulares de esta naturaleza que se habían hecho con anterioridad, y aquellos que surgían de lo que se denomina una Convención".

Retrocede en el tiempo y revela interesantes pormenores de la "ayuda" francesa:

> "Cuando el Capitán Gore y Monsieur Gros emplearon esos procedimientos, suspendidos por la Revolución de Febrero, Monsieur Gros estaba dispuesto a esperar ulteriores instrucciones, pero se lo persuadido que los montevideanos no podían seguir resistiendo, por falta de fondos, la espera de la decisión del nuevo Gobierno. Por consiguiente, y bajo su propia responsabilidad, él prometió pagar 40.000 pesos por mes, hasta que pudiera recibirse la contestación desde.Francia. Este compromiso no tenía ningún límite en cuanto al tiempo, pero era revocable por Francia en cualquier momento. Fué aceptado por la Asamblea Constituyente casi sub silentio (sice en el original) y si Vuestra Excelencia

---

[43]Lord Normanby, Oficio N° 403, del 28 de julio de 1849, en F.O. 27/846.

recuerda.que ello ocurrió inmediatamente después de Junio - la insurrección que ensangrienta París del 23 al 26 de junio provoca un cambio de Gobierno encabezándolo el General Cavaignac, ejecutor de la represión y se constituye también un nuevo Gabinete - comprenderá fácilmente por qué despertó tan poca atención en todas partes, y, aunque olvidado aquí, siguió girándose sobre el dinero desde aquellos lugares en que era necesitado, para hacer frente a compromisos indefinida y desconsideradamente contraídos; por ello es que se ha pedido actualmente el otorgamiento de un crédito, y por ello será concedido; aunque de parte de la Comisión de Finanzas parece existir un gran deseo de que se fije un plazo para cualquier adelanto futuro".

El 30 de julio, una nueva prueba[44] de la impaciencia británica:

"Le pregunté ayer a Monsieur de Tocqueville, ahora que el "Erigone" ha llegado con los despachos del Almirante Le Prédour, cuando pensaba que estaría en condiciones de comunicar la decisión del Gobierno Francés acerca de las negociaciones del Río de la Plata. Monsieur de Tocqueville dijo que, a pesar de no haber leído aún los despachos, estaba seguro que, debido a su cantidad ellos contenían toda la información deseada, y que en cuanto el Presidente regresara de su actual gira, lo que ocurriría el jueves, él presentaría. la cuestión ante el Consejo".

Esperanzas y dudas sobre la actitud francesa transmite Normanby pocos días después[45], dejando los crudos intereses belicistas al desnudo, aunque se cubran bajo el manto de civilización, progreso y libertad:

---

[44] Lord Normanby, Oficio N° 406, del 30 de julio de 1849,en F.O. 27/846.

[45] Lord Normanby, Oficio N° 417, del 5 de agosto de 1849, en F.O. 27/846.

"El Capitán de la fragata francesa "Erigone", que acaba de llegar del R!o de la Plata, fué mandado llamar telegráficamente y llegó a París ayer para dar al Gobierno alguna información suplementaria en cuanto a los detalles de las últimas negociaciones. De todo lo que he oído por parte del Capitán Herail, se desprende que está muy.favorablemente dispuesto hacia un arreglo final de estas cuestiones, y su informe será probablemente hecho con muy buena disposición. Visitó a Monsieur de Tocqueville esta mañana, y el Ministro me dijo que si el debate sobre la cuestión Romana - el 30 de junio capitula la República allí proclamada ante las tropas francesas - no era postergado más allá de mañana, no estaría en condiciones de presentar ninguna otra cuestión al Consejo hasta que esa quedara liquidada, debido a lo que esperaba estar en condiciones de comunicar la decisión del Gobierno Francés el jueves. Entre tanto, se están armando toda clase de intrigas de parte de aquellas personas que desean desbaratar el arreglo, pero confío en que no tendrán éxito".

A una semana - el 12 de agosto - , Normanby no puede constatar adelanto alguno[46]: "La persistente y grave enfermedad del Capitán Herail, de la fragata 'Erigone', encargada de las comunicaciones personales del Almirante Le Prédour, me fué participada como razón de que aún no se haya anunciado la decisión final sobre la cuestión del Río de la Plata. La gran presión de los negocios", es aducida como "una causa adicional" para la dilación. Según su habitual diligencia, el Embajador inglés se entrevista "tanto con el Presidente como con Monsieur de Tocqueville", advirtiendo "contra un nuevo retraso, y me prometieron que se decidiría el día en que volvería a reunirse el Consejo, lo que ocurrirá el martes".

Sin dejar escapar jornadas, informa Normanby[47] el 16, de una nueva conversación con Tocqueville "sobre las cuestiones del Río de la Plata, las que pueden ser consideradas como hallándose hoy ante el

---

[46] Lord Normanby, Oficio Nº 435, del 12 de agosto de 1849, en F.O.27/847.

[47] Lord Normanby, Oficio Nº 438, del 16 de agosto de 1849, en F.O. 27/847.

Consejo". El Ministro de Relaciones Exteriores le informa de la situación y el arreglo propuesto:

> "que había habido muchas más dificultades de las que había previsto, en la última sesión de la Comisión de la Asamblea Nacional, durante la que se entraron a considerar los adelantos de fondos que ya habían sido hechos a los montevideanos. La opinión prevaleciente allí parecía ser la de que era un Tratado al que a Francia le resultaba difícil adherir, sin humillarse. El mismo no compartía ese sentimiento, y de corazón deseaba poner fin a la cuestión, pero aquel convenio contenía disposiciones que era desagradable aceptar".

Normanby que, por el contrario, considera excepcional que frente "a una persona con la reputación de Rosas, se hubiera alcanzado un acuerdo tan inobjetable", refuta, uno a uno, los reparos que plantea el Ministro de Relaciones Exteriores de Francia, y trata de hacerle ver

> "que el asunto era uno de esos que nunca pueden llegar a tener una solución perfectamente satisfactoria para las dos partes que tan desafortunadamente se habían visto envueltas en el mismo". Monsieur de Tocqueville me preguntó hasta qué punto yo pensaba que se podían obtener cambios que pudieran allanar las cosa aquí. Aludió, en particular, a una alteración que había sido realizada después de la última negociación, en virtud de la que la Legión Extranjera debía ser desarmada antes del retiro de las Fuerzas Argentinas. Llamé la atención de Monsieur de Tocqueville sobre la importancia que se le atribuía en algunas cartas privadas que le había mostrado, a la confirmación del Tratado precisamente tal como se lo había acordado allá - si es que de verdad deseábamos un arreglo definitivo. En cuanto a esa disposición, en particular, le dije que pensaba, si se miraba la cuestión en calidad de observador desinteresado, que se percibía la razón del arreglo actual. El retiro de las

tropas era un acto individual y positivo, que caía por entero y en cualquier momento, dentro de la voluntad de la parte que se comprometía a realizarlo, la que podía cumplirlo o rehusarse a cumplir lo, pero de este dilema no si podía evadir, mientras que, por el contrario, el desarme de la Legión era una medida que podía ser ejecutada con mayor o menor buena fe, y que, por consiguiente, requería de una supervisión. En vista de, ello no podía descubrir ninguna objeción razonable al artículo tal cual había sido redactado".

Continúa informando que Tocqueville "se refirió entonces, con cierta desazón, al Artículo 53 de la Constitución de 1848 que dice lo siguiente: 'Il (le Président) négocie et ratifie les Traités. Aucun Traité n'est définitif qu'après avoir été approuvé par l'Assemblée Nationale' (sic). La segunda parte de este Artículo - en opinión del interlocutor del Embajador de Inglaterra - parecería estar en contradicción con la primera, "a menos que significara la disminución de la ratificación a un mero acto formal ejecutivo de parte del Presidente dependiente del previo asentimiento de la Asamblea". El persuasivo Embajador, que se esmera en allanar dificultades, agrega:

"Sin embargo, Monsieur de Tocqueville no parecía estar preparado para dar una interpretación definitiva al artículo, pero dijo que en el caso de un Tratado relativo a un ferrocarril con Baviera, la Asamblea había ejercido ese poder, negándole su asentimiento. Insistí ante Monsieur de Tocqueville que el presente era evidentemente un caso en el que; si la Asamblea, al reunirse. de nuevo, se encontrara con que la aprobación de lo estipulado ya había sido transmitida a través del Atlántico, se sentiría muy satisfecha de que una cuestión tan enojosa hubiera quedado finalmente resuelta, y aunque pudieran aún criticarse algunas de sus condiciones, ella comprendería que se trataba de una cuestión en la que el Gobierno Ejecutivo se había visto precisado a actuar sin más dilación".

Luego de reunido el Consejo, para examinar la espinosa cuestión, nueva entrevista con Tocqueville. Escribe Normanby a Lord Palmerston [48]:

"Confío en que las reclamaciones que he hecho ante él y el Presidente, hayan tenido efecto. Monsieur de Tocqueville dijo que el Consejo había resuelto adoptar aquellas medidas que estimaba las más adecuadas a la situación, para asegurar la eventual pacificación bajo· los términos propuestos. Todavía había algunas condiciones sobre las que desean explicaciones ulteriores, pero ellos enviarían de inmediato a un Plenipotenciario cuyas instrucciones serían las de re- cibir cualquier explicación dentro de un espíritu conciliatorio, y con el sincero deseo de materializar los Poderes que se le conferirían, firmando el Tratado. Monsieur de Tocqueville me había dicho ayer que había una condición que él mismo consideraba casi inaceptable" - el Gobierno Francés pone obstáculos que el Embajador Británico se apresura a desbaratar - es decir, "la de que todos los barcos mercantes capturados debían ser devueltos con sus cargamentos. Monsieur de Tocqueville afirmó tan positivamente que ésto no estaba en la Convención Hood original, que tuve miedo de fiarme de mi propia memoria, pero después de haber examinado, más tarde, una copia de las propuestas originales de Mister. Hood, hallé la misma disposición repetida literalmente, y por consiguiente, le dije a Monsieur de Tocqueville que pensaba que era imposible que hiciera una objeción terminante a lo que había sido convertido tan a menudo en la base de un arreglo por los dos Gobiernos. Concluyó diciendo que solamente pediría explicaciones acerca del período durante el cual se suponía que este compromiso duraría, ya que un plazo largo lo

---

[48] Lord Normanby, Oficio N° 441, del 20 de agosto de 1849, en F.O. 27/ 847. Probablemente por un desliz del escribiente, este Despacho no está fechado correlativamente con el siguiente.

convertiría en una cuestión muy complicada de contabilizar. Vuestra Excelencia veráque constantemente he sostenido con energía que la única manera segura, y por consiguiente satisfactoria, de solucionar la cuestión, era la de que el Gobierno Francés ratificara de inmediato el Tratado tal como había sido preparado por los Agentes de las dos partes en el lugar mismo de los hechos. Considero necesario agregar que el Presidente y su Gabinete abrigan el sincero deseo de llegar a la misma conclusión; pero la desafortunada publicación prematura en los diarios ingleses de los Artículos del Tratado propuesto, ha vuelto a excitar la opinión pública en Francia en contra de un arreglo en base a esos términos. No puedo decir, en vista del Artículo 5 de la Constitución, que paraliza el poder del Presidente en cuanto a Tratados, que la medida sobre la que yo había insistido, como siendo absolutamente la mejor, no haya conducido exactamente a las consecuencias opuestas de las que hubiéramos deseado, y que, a través de una confabulación de los Partidos acabemos en el rechazo del Tratado y en el derrocamiento del Gobierno".

Para finalizar, comunica que el Ministro "me dijo que estaba por escribir un despacho a Monsieur Drouyon de Lhuys - Embajador de Luis Napoleón Bonaparte en Londres - haciendo notar a Vuestra Excelencia las disposiciones sobre las que el Gobierno Francés deseaba explicaciones francas, y otra vez me aseguró que el Consejo había decidido al fin no hacer objeción alguna que pusiera en peligro el resultado que todos deseamos tanto".

En su despacho N2 442[49], Lord Normanby no relata alguna de sus frecuentes entrevistas con altos funcionarios del Ministerio de Relaciones Exteriores, sino otra habida con el Jefe de Estado a la que valoriza y explica refiriéndose a la forma de tramitación mencionada más arriba:

---

[49] Lord Normanby, Oficio N° 442, del 19 de agosto de 1849, F.0.27/847.

"El lenguaje del Presidente con respecto a las negociaciones del Río de la Plata fué aún más preciso y satisfactorio que el de Monsieur de Tocqueville. Anunció que existía la intención de enviar una persona hacia allá de inmediato con el propósito de ratificar el Tratado tal como está, sólamente que transmitiendo, al mismo tiempo, las interpretaciones que el Gobierno Francés confiere a ciertos artículos al proceder a la firma". Ahora Vuestra Excelencia.estará en condiciones de juzgar, cuando Monsieur Drouyn de Lhuys le participe el   contenido del despacho en el que Monsieur de Tocqueville explica esos detalles, si existe algo en ellos calculado a impedir la inmediata conclusión en el lugar de los hechos, pero por lo que yo he podido averiguar, el objetivo de esta manera de proceder parece consistir meramente en evitar una violenta oposición en la Asamblea cuando ésta vuelva a reunirse".

Transcurre más de un mes y el 22 de octubre el Lord escribe nuevamente[50]:

"Otra vez insistí ante Monsieur de Tocqueville esta mañana en el sentido.de que no hubieran ya más postergaciones en la partida del Almirante Duperré, con las instrucciones para tratar de obtener aquellas explicaciones del Gobierno de Buenos Ayres, sobre uno o dos puntos relacionados con las últimas negociaciones realizadas por el Almirante Le Prédour, que le permitieran, como sucesor suyo, en esa estación concluir de inmediato el Tratado. Monsieur de Tocqueville me aseguró que los retrasos habían sido involuntarios.e inevitables, pero que ahora, en que tenía un momento relativamente desocupado para. despachar al Almirante con instrucciones finales, su partida ocurriría dentro de muy pocos días. Agregó, sin embargo, que la Comisión, ante el crédito suplementario pedido por

---

[50] Lord Normanby, Oficio N2 508, del 22 de octubre de 1849, en F.O. 27/847.

Monte Video hace algunos días, había solicitado verlo, antes de que se mandaran esas instrucciones; que las discusiones de la semana pasada habían ocasionado la postergación de dicha entrevista, pero que ahora había fijado el día de mañana para encontrarse con ellos. Dijo que no contaba con que la mayoría de esa Comisión pudiera desear embarazar seriamente la conducta de los asuntos en el espíritu en que el Gobierno lo había anunciado, ni podía concebir que actualmente los asuntos de Monte Video pudieran originar dificultades algunas, cuando había tantas cuestiones de más urgente interés que requerían consideración".

El Embajador lamenta las dilaciones del Gobierno Francés y lo previene contra, la actitud de grupos opositores en la Asamblea o los enredos en la sitiada plaza de la Banda Oriental.

"Le contesté que esperaba que fuera así, pero que al mismo tiempo corrían informaciones siniestras acerca de la preparación de una resistencia en aquellas regiones fundada en la esperanza de una ayuda francesa; pero que, por supuesto, en vista de las repetidas seguridades que había recibido del.Gobierno Francés sobre sus intenciones de tratar sinceramente de concluir ia cuestión mediante un Tratado con Rosas, sabía que no existía ningún fundamento en esas informaciones; pero que habiendo observado el espíritu de que estaban animados algunos Partidos en la Asamblea, no podía menos que lamentar que el nuevo Almirante no hubiera partido ya, cuando primero se me había hecho esperar que ello ocurriría durante la prórroga de las sesiones de la Asamblea. También le recordé que el retraso era ahora tan grande, que el Armisticio casi habría expirado antes de. que pudiera llegar. Monsieur de Tocqueville hubiera deseado que la partida hubiese tenido lugar en una fecha muy anterior, pero las dificultades fueron, en un principio, de naturaleza técnica, y últimamente conozco de qué manera su tiempo ha estado ocupado con cuestiones que hubiera sido imposible posponer por veinticuatro horas. Me ocuparé en informar a Vuestra Excelencia en cuanto el Almirante haya recibido sus instrucciones finales".

A este Oficio corre agregado un borrador[51], provisto de la inicial de Palmerston. Se trata de instrucciones para el Embajador. Allí se expresa:

"Que Lord Normanby diga que el Gobierno de Su Majestad está muy ansioso de oír que el Almirante ha partido y que lleva consigo las instrucciones que conducirán a la conclusión de la paz entre Francia y Buenos Ayres, bajo los términos propuestos, para que el Gobierno Francés no aparezca como manteniendo abierta su disputa con el General Rosas, después de que Gran Bretaña ha hecho la paz con él".

Debemos subrayar el párrafo pues, en buena medida no desmiente, por cierto, la enojosa posición en que se coloca a Normanby y se relaciona con el tema que ocupa la segunda parte de este capítulo. En dicho documento se advierte, a renglón seguido:

"El Tratado ofrecido a los dos Gobiernos es sustancialmente idéntico a las propuestas que ambos Gobiernos hicieron al General Rosas, y las modificaciones y cambios fueron hechos principalmente para adaptar las condiciones al presente estado de cosas. Existe en Inglaterra, como existe en Francia, un pequeño partido de personas interesadas que quisieran evitar un arreglo, y que desearían ver que Monte Video continuara siendo ocupado por una Fuerza Europea, pero el Gobierno de Su .Majestad ha resuelto no sacrificar intereses

---

[51] Vizconde Palmerston, Borrador de nota relacionado con el Oficio N° 508 de Lord Normanby, signado "P. 23/10-49". Se lo identifica con el texto pasado en limpio: "Despacho a Lord Normanby N° 496 Oct 27/49"

generales para gratificar a esos partidos, y espera que el Gobierno Francés actúe sobre una base similar. El Gobierno de Su Majestad ha creído que sería imposible para Inglaterra y Francia en conjunto, o ya sea para Francia o Inglaterra separadamente, continuar manteniendo la ocupación militar y naval de Monte Video, sin originar sentimientos y discusiones que serían muy perjudiciales al buen entendimiento entre los dos países, que el debido respeto hacia los verdaderos intereses de ambos, convierte en tan importante de mantener".

Nuevas inesperadas demoras debe asentar Normanby [52], en su correspondencia con el Vizconde Palmerston.

"Tenía la intención de anunciar a Vuestra Excelencia en esta ocasión - escribe el 1° de noviembre - los pasos ulteriores que hubiese dado para asegurar el rápido cumplimiento de las intenciones que me fueran comunicadas hace tanto tiempo por el Gobierno francés en la cuestión del Río de la Plata; pero el repentino cambio de Ministerio me obliga a renovar las mismas gestiones ante otras autoridades, y por consiguiente renuncio por ahora a transmitir cualquier otra información sobre la cuestión".

El 19 de dicho mes, "esta mañana - puede anunciar[53] - tuve una entrevista con el nuevo Ministro de Relaciones Exteriores General de la Hitte. Por supuesto que esta no fué una ocasión para entrar en detalles acerca de ninguna cuestión. El General mostró la más amistosa disposición hacia Inglaterra".

Deja constancia de su alta reputación y, si el propio interesado reconocía "su falta de experiencia" en su nueva tarea, "confiaba remediar sus otras deficiencias avec de bon sens et, de bónne foi" (sic, en francés en el original). "La posesión de estas cualidades por parte del General de la Hitte, que nadie discute - concluye - hacen lamentar

---

[52] Lord Normanby, Oficio N° 520, del 1 de noviembre de 1849, F.O. 27/848.

[53] Lord Normanby, Oficio N° 548, del 19 de noviembre de 1849, en F.O. 27/848.

que no haya sucedido inmediatamente a Monsieur de Tocqueville en la administración de las relaciones exteriores".

De carácter "Confidencial", su Oficio del 26 de noviembre[54] lleva noticias tranquilizadoras.

> "He mantenido varias conversaciones con el General de la Hitte, desde su reciente asunción al cargo, acerca de la cuestión del Río de la Plata. Hallé al General muy bien dispuesto a escuchar cualquier presentación que se le haga. No lo he visto hoy en relación con la cuestión, pero el Presidente acaba de anunciarme que se ha resuelto resistir cualquier intento que quiera hacer la Comisión en la Asamblea para variar la línea de conducta del Gobierno, e inducirlo a asumir una actitud más hostil hacia Rosas: que el curso de acción decidido hace casi cuatro meses de enviar hacia allá un Negociador con autorización para firmar el Tratado, siempre que se dieran explicaciones satisfactorias sobre uno o dos puntos, sería ejecutada ahora de inmediato".

Causas fortuitas se unen a una morosidad evidente del Gobierno de Francia en la concreción de la paz en el Plata. A sus espaldas, Gran Bretaña juega su propia carta.

III

El Oficio N° 566[55] de Lord Normanby, del 29 de noviembre, tiene la virtud de revelarle, en su respuesta, lo que, por incomprensible descuido o designio, se le ocultara.

En dicha comunicación, el Embajador se remite a su Despacho N° 559 - ya citado - ratificando la· afirmación que le hiciera el Presidente Luis Napoleón Bonaparte, en el sentido de que "el Gobierno Francés enviaría de inmediato a alguien con poderes para concluir el Tratado propuesto con Rosas, después de recibir explicaciones sobre uno o dos puntos". Prosigue:

---

[54] Lord Normanby, Oficio N° 559, del 26 de noviembre de 1849, en F.O. 27/848.

[55] Lord Normanby, Oficio N° 566, del 29 de noviembre de 1849, en F.O. 27/848.

"He visto al General de la Hitte esta mañana y he conversado mucho con él acerca de la misma cuestión. Manifestó un gran deseo de que se llegue a un arreglo definitivo de aquella y la intención de actuar de inmediato; dentro del espÍritu de la decisión anterior. Llamé especialmente la atención del General de la Hitte sobre la extraordinaria duración del intervalo que había transcurrido desde que este asunto estuvo por primera vez a consideración de los dos Gobiernos. Fué el 4 de julio, cuando Vuestra Excelencia quiso por primera vez que le manifestara al Gobierno Francés que estábamos dispuestos a ratificar el Tratado propuesto, pero que como los dos países habían entrado juntos a la cuestión, estimábamos deseable que su finalización por ambas partes también fuera simultánea. Desde aquella época a ahora, insistí reiteradamente ante su predecesor acerca del peligro que estos prolongados e injustificables retrasos implicaban para la solución de la cuestión".

Si ésto es más que suficiente para no inhabilitar toda futura pretensión de olvido por parte del Foreign Office, los párrafos que le siguen precipitan la demorada definición inglesa.

"Habiendo declarado Monsieur de la Hitte que todavía existían algunas partes del Tratado que, para el Gobierno Francés, eran de casi imposible cumplimiento, y que confiaba en que el arreglo de esos puntos se vería facilitado si el Gobierno Británico uniera sus pretensiones a las de Francia para procurar su edificación, le recomendé a Monsieur de la Hitte que examinara muy cuidadosamente dentro de los próximos·días cuáles eran los puntos sobre los que pensaba que eran tan absolutamente necesarias explicaciones o respecto de las que era preciso que se hicieran esas modificaciones, y que entonces le escribiera a Monsieur Drouyn de Lhuys para que se comunicara con Vuestra Excelencia sobre la materia. Al mismo tiempo, le recordé que Gran Bretaña ya había expresado por mi intermedio su disposición a firmar el Tratado tal como estaba ahora, y que esa decisión solo había sido pospuesta con vistas a terminar la cuestión en común con Francia, y por consiguiente, como él parecía sinceramente deseoso de no dejarla abierta a futuras complicaciones, le recomendé limitar, tanto como le fuera posible, sus objeciones a Artículos en particular del Tratado, que en todos sus aspectos esenciales era similar a las propuestas anteriores de los dos Gobiernos. El único punto que el General mencionó específicamente esta mañana - el Ministro Francés parece decidido, después de tantas postergaciones, a llegar a un acuerdo pacífico con la Confederación fué el compromiso de devolver los barcos en su estado anterior con sus cargamentos, pues él creía que eso era pedir una imposible".

Con este Oficio se relaciona un Borrador[56] inicialado por el Vizconde Palmerston, donde (de buena o mala fe), se pregunta:

"¿No fué informado Lord Normanby cuando se le enviaron instrucciones a Míster Southern para que firmara el Tratado?, y si fué así, instrúyasele que explique esto al General LaHitte y que le diga que para esta fecha el Tratado entre el Gobierno de Buenos Ayres y nosotros está sin duda en camino hacia aquí para su ratificación".

Error involuntario (difícil de creer ...) o maniobra dúplice, Gran Bretaña, que no puede obtener la victoria militar en el Río de la Plata que le abría inmensas posibilidades de dominio comercial y político, saca frutos de la derrota común al preceder en el tiempo a su exaliado en la concertación de la paz.

Al mismo tiempo, el Vizconde Palmerston presiona para que Francia ceda en su postura belicista, - no sea que se afinque en

---

[56] Vizconde Palmerston, Borrador de instrucciones para Lord Normanby, fechado el 29 de noviembre de 18494 y relacionado con la Nota de éste último N° 566, del mismo día.

Montevideo que, a espaldas de la patria uruguaya y de la patria grande americana, está dispuesta a todas las claudicaciones. Por ello, prosigue:

> "Lord Normanby deberá hacerle presente al General La Hitte que al Gobierno de Su Majestad le parece que, aunque uno de los Principios Principales establecidos por los Gobiernos de Gran Bretaña y Francia como razón para su interferencia en los asuntos del Plata consistió en su deseo de mantener la Independencia de la República del Uruguay, existe un Partido en Francia que quiere transformar la intervención francesa en algo completamente distinto de aquel Principio, convirtiéndola en el medio para establecer en la Banda Oriental algún Protectorado especial o alguna Influencia Separada de Francia", advirtiendo el Jefe del Foreign Office, en sus palabras finales, con tono poco conciliador "que un curso·semejante sería inconsistente con la buena fe de Francia, y sería incompatible con el mantenimiento· de aquellas buenas relaciones que ahora existen tan felizmente entre los Gobiernos de Gran Bretaña y Francia. P. 29/11-49".

Con letra de otro, continúa el borrador: "Estas instrucciones debieron haber sido mandadas a Lord Normanby en septiembre y no consigo averiguar por qué no se procedió así, ya que no existe ahora nadie en el Office que estuviera aquí en aquel entonces y recuerde lo que ocurrió con ellas. E. F.O. Nov. 30/49".

A esto, agrega Palmerston: "Esta fué una omisión muy seria. Debe ser rectificada esta noche y deben dársele explicaciones a Lord Normanby. Lo coloca en una situación muy desagradable. P. 30/11-49. Despacho a L. Normanby Nº 556 Nov. 30/ 49".

Se piensa en la desairada situación en que se ha colocado al Embajador. Ni una palabra sobre el aliado dejado en la estacada.

Al propio Normanby corresponde documentar[57] sus sentimientos personales y los del Gobierno ante el que está acreditado, frente al inconcebible olvido. Deja sentada su sorpresa ante ese "primer indicio" que recibe - recalca, y recalcamos - de haberse instruido a

---

57 Lord Normanby, Oficio N° 568, del 2 de diciembre de 1849, en F.O. 27/848.

Southern que ratificara el Tratado propuesto entre el Gobierno de Buenos Aires y el Gabinete de Londres. Se trasunta su indignación, y no es para menos.

"Vuestra Excelencia explica que la ignorancia en que se me dejó respecto a esta cuestión se debe a una inadvertencia en que incurrió el (Foreign) Office, de enviar a París una copia de aquellas instrucciones para Mister Southern. Sin embargo, yo no había oído nada en absoluto acerca de las intenciones del Gobierno Británico con referencia a ese Tratado, desde el Oficio del 5 de julio, con el que anunciaba que se despacharía un barco de guerra entre los dos paquebotes, si el Gobierno Francés estuviera dispuesto a mandar al mismo tiempo por ese barco, o por uno propio, instrucciones al Almirante Le Prédour. Por consiguiente, desde entonces siempre se me dejó inferir que el Gobierno Británico seguía atribuyendo importancia al hecho de la conclusión formal simultánea de la cuestión, a pesar de saber que, ni en Inglaterra, ni en Buenos Ayres, se abrigaba incertidumbre respecto al curso de acción que, en última instancia, perseguiría el Gobierno de Su Majestad. Debido a ello, estaba menos preparado aún para enterarme de que ya a principios del mes de septiembre se había dado un paso semejante, pues en mi Despacho del 19 de agosto, al que Vuestra Excelencia alude como el que anuncia la intención del Gobierno Francés, había agregado que Monsieur Drouyn de Lhuys recibiría instrucciones de ponerse en comunicación con Vuestra Excelencia respecto a los puntos en particular sobre los que el Gobierno Francés deseaba explicaciones ulteriores, En los Despachos N° 401 y 402 - alude a notas del Vizconde Palmerston, pero una corrección posterior tacha el N° 401, dejando sólo el 402 - mientras acusa recibo de aquellos despachos del 19 de agosto, y me transmite amablemente la aprobación del Gobierno de Su Majestad con respecto a mis esfuerzos en la cuestión,

Vuestra Excelencia no alude para nada a la intención de Inglaterra de actuar por separado; por consiguiente, supuse naturalmente que Vuestra Excelencia estaba esperando las comunicaciones de Monsieur Drouyn de Lhuys, y seguía creyendo en la ventaja de concluir la cuestión, tal como la habíamos comenzado, juntos. Podría hacer mención a numerosas cartas privadas durante los meses de septiembre, octubre y noviembre, en las que continuaba tratando la cuestión bajo esa impresión, pero referiré, en especial, a una del 13 de septiembre, escrita, tal como ahora queda en evidencia, después que el paquebote partió con las instrucciones para Mister Southern, en la que aludía al inoportuno retraso ocasionado por las dilaciones del Gobierno Francés en términos que no se justifican de haber sabido que se trataba de una demora en la que no teníamos participación, ni interés. Incluí en aquella carta otra que había escrito a Monsieur de Tocqueville, diciéndole que no me explayaba sobre el efecto de la."prolongada incertidumbre" que imperaba en Inglaterra en cuanto a la cuestión, ya que me había asegurado que Monsieur Drouyn de Lhuys había tenido antes la posibilidad de llegar a un entendimiento con Vuestra Excelencia sobre el particular. He creído necesario entrar en estos detalles relativos a la convicción bajo la cual he estado obrando hasta ayer a la mañana, porque todas mis comunicaciones con el Gobierno Francés tuvieron lugar bajo ese convencimiento, el que me preparó, en parte, para la reacción con que el General de la Hitte recibió el Despacho que le transmití, tan pronto como lo recibí".

Hasta aquí, la actitud - tan mesurada como veraz - del Embajador; que continúa describiendo la del Ministro de Relaciones Exteriores de Francia ante su presentación de la excusa, que no es para ser tan fácilmente creída, pero tampoco rechazada ante la fuerza militar y económica incontrastable del país de su interlocutor:

> "El General aceptó, por supuesto, muy cortésmente las explicaciones relacionadas con el error que se cometió al no enviar, en su momento, copia de las Instrucciones para Mister Southern, pero expresó su sorpresa' - en la imposibilidad de asumir un tono más firme, el francés parece querer ironizar - ante el hecho de que después de haber mostrado tanto interés en terminar esta cuestión en común, como lo hiciera Vuestra Excelencia, a último momento dio un paso tan concluyente como la ratificación por separado, sin consulta alguna con el Gobierno Francés, o por lo menos con alguna comunicación más formal que la transmisión de copias de instrucciones. Confío en que por haber tomado ya el Gobierno del Presidente - Luis Napoleón - la decisión de poner fin a la cuestión en los términos actuales, antes que mantenerla en suspenso, este malentendido no producirá ningún efecto serio, pero no puedo negar que ha dejado en la mente del General de la Hitte, por lo menos por ahora, una impresión desagradable".

El precio es irrisorio para tan provechoso "desliz" diplomático y Francia se allana, porque Gran Bretaña es la primer potencia, no porque se haya visto superada diplomáticamente; es el triunfo del más fuerte. En contraste, el Gobierno Argentino demuestra la actitud correcta: frente a la fuerza, es suicida mostrar debilidad; resistirla y, entonces, desplegar el arte en la negociación.

La nota del Embajador le resulta a Palmerston muy difícil de admitir (cuando se procede mal, no hay nada que lastime más que la verdad); en su defensa - y, presumiblemente, en la de su país ante la Historia - ensaya una reconstrucción administrativa de los hechos[58].

Comienza el interrogatorio: "¿No existe ningún antecedente acerca de alguna comunicación a Lord Normanby manifestando que el

---

[58] Vizconde Palmerston, Anotaciones y borrador de instrucciones relacionados con la Nota N° 568, del 2 de diciembre de 1849, de Lord Normanby, fechadas el 3 del mismo mes, en F.O. 27/848.

Gobierno de Su Majestad ya no podía esperar más en este asunto? P. 3/12-49".

"No existe - figura la respuesta escrita - ningún antecedente acerca de una comunicación semejante".

Nueva pregunta, caligrafía de Palmerston: "¿Cuanto esperamos después de recibirse en Buenos Ayres la convención propuesta?".

Nueva respuesta: "Casi cuatro meses".

"El Despacho que incluía el Proyecto de Convención fué recibido el 15 de mayo. Las Instrucciones para Mister Southern autorizandolo a firmar la Convención están fechadas el 3 de septiembre. F.O. Dic. 3/49".

Otra vez con sus iniciales, "P. 3/1 2-49", el Jefe del Foreign Office intenta una no convincente explicación:

> "Haga notar a Lord Normanby que en su despacho del 19 de agosto él presentó al Gobierno Francés como resuelto finalmente a enviar de inmediato un Plenipotenciario cuyas instrucciones serían las de recibir cualquier explicación con un espíritu conciliatorio y dentro de un sincero deseo de ejecutar los Poderes que se le extenderían·para firmar el Tratado. Y además agregó que Monsieur de Tocqueville de nuevo le había asegurado que el Consejo había resuelto al fin no hacer ninguna objeción que pudiera poner en peligro el resultado que todos deseábamos tanto. Creyendo, por consiguiente, que el Gobierno Francés, al tomar y anunciar oficialmente al Embajador de Su Majestad esa decisión final, tenía la intención de cumplirla, el 3 de septiembre, es decir, por el próximo paquebote a Buenos Ayres, le envié a Mister Southern los Plenos Poderes e Instrucciones que había mantenido en suspenso desde mediados de mayo, a la espera de un.a acción simultánea de parte del Gobierno de Francia; y considerando terminada la cuestión, le escribí a Lord Normanby mi Despacho del 21 de agosto, con el que aprobaba los esfuerzos mediante los que había persuadido al Gobierno Francés a

aceptar el Tratado acordado por el Almirante Le Prédour. Una copia de mi Despacho y de las Instrucciones a Míster Southern debieran haber sido enviadas simultáneamente, como una cuestión de rutina ordinaria en este Departamento, tanto a aquél como a Lord Normanby, pero por alguna reprobable negligencia de parte del funcionario que dirigía el Departamento en cuestión, se omitió hacerlo y Lord Normanby tiene razón de quejarse de esta omisión".

En cuanto al Embajador acreditado en París, Palmerston descarga en un funcionario de menor jerarquía la responsabilidad, basándose en una simple omisión involuntaria y se aferra a párrafos extraídos de la propia correspondencia de Normanby para explicar el porqué su Enviado careció de una información fundamental en el momento correspondiente.

"Por lo que se refiere a la cuestión entre los dos Gobiernos - prosigue - me parece a mí que es el Gobierno de Su Majestad el que tiene derecho a quejarse - con desenfado sorprendente, el ofensor se convierte, por arte de birlibirloque, en supuestamente ofendido - puesto que habiendo esperado de mayo a septiembre para enviar las Instrucciones para firmar un Tratado que ya había sido aceptado, mediante el que se ponía fin a un estado de cosas altamente inconveniente para los intereses británicos, y procediendo así solo y enteramente· con el objeto de esperar una acción simultánea· de parte de Francia, tal como lo afirmaba en mi Despacho Nº 289 del 22 de junio, al ser informado finalmente a últimos de agosto, de manera positiva y oficial por el Ministro de Relaciones Exteriores de Francia que el Gobierno Francés había resuelto enviar de inmediato un Plenipotenciario con Poderes e Instrucciones para firmar el Tratado Francés, siempre que se dieran o recibieran algunas explicaciones, lo que no evitaría la firma del Tratado, según dijo el Gobierno Francés, ahora nos enteramos, a principios de diciembre, que el Gobierno Francés aún no ha materializado su decisión de agosto y que su Plenipotenciario, que en agosto iba a partir de inmediato, cuatro meses después todavía se encuentra en París. Cualesquiera perjuicios que los intereses Británicos hayan podido soportar por el hecho de haber postergado el envío de las Plenipotencias e Instrucciones a Mister Southern de mayo a septiembre, podrían haberse evitado de todos modos, ya que esa misma acción conjunta que la postergación estaba destinada a asegurar no se alcanzó a raíz de ella, a pesar de las seguridades positivas del Gobierno Francés de mediados de agosto. P. 3/12-49".

Todo esto es demasiado, aún para el más flemático caballero británico. El mismo Lord Normanby de la prudentísima queja presentada, hace pie en la fragilidad de la argumentación ministerial, para dejar desbordar su ya no contenida indignación. "Solamente hago referencia - encabeza su respuesta[59] - al desgraciado error con respecto

---

[59] Lord Normanby, Oficio N° 571, del 6 de diciembre de 1849, en F.O. 27/848. En el mismo Repositorio, dos nuevas comunicaciones del Embajador Británico, antes de cerrarse el año, notician acerca de la discusión parlamentaria, sobre la paz con la Confederación Argentina, que tiene lugar en París. Con su Oficio N° 600, Confidencial del 23 de diciembre, adjunta un ejemplar del "Moniteur" que contiene "el informe de Monsieur Napoleón Daru de la Comisión de la Asamblea sobre la cuestión del Río de la Plata". El debate será "acalorado", considera Normanby. "El Gobierno mismo no se muestra nada seguro acerca del resultado, pero no puedo creer que la mayoría llegue a adoptar las insensatas conclusiones del Informe que comprometería al país indefinidamente en una lucha complicada, en lugar de tratar de apoyar al Gobierno en sus esfuerzo por zafarse de la mejor manera posible de un asunto que comenzó mal y en el que tienen tanto que arriesgar y nada que ganar.
Sobre la prensa "en general muy excitada respecto a la cuestión", expresa el Embajador que el "Journal des Débats" publicó "ayer un artículo sensato, dentro de un espíritu constructivo, y "La Presse" siempre ha sido pacífica en cuanto a esta cuestión y ha hecho mucho para dejar en descubierto las maquinaciones de la Compañía de Monte Video".
Sobre la actitud británica: "Los párrafos del Informe de Monsieur Daru relacionados con la conducta de Inglaterra en esta cuestión han sido, según tengo razones para creerlo, suavizados con relación al borrador original, pero no puedo ocultar a Vuestra, Exce: lencia que la impresión en la Asamblea es desfavorable. Monsieur de Tocqueville me visitó para anunciarme que por supuesto pensaba sostener la línea adoptada por el anterior Gobierno en el mes de agosto; pero me aseguró, al mismo tiempo, que la primera vez que oyó mencionar que Inglaterra había adoptado un curso de acción separado en la cuestión, fué a través del General.de la Hitte, algunos días después de que éste se hiciera cargo del Ministerio. Monsieur Drouyn de Lhuys también me aseguró durante una conversación, que no había tenido la menor idea de que se hubiera dado paso alguno, hasta que recibió, el 29 de noviembre Último, la respuesta de Vuestra Excelencia a tres

a las instrucciones que se enviaron a Míster Southern, porque Vuestra Excelencia, en su Despacho N° 561, recibido ayer, al aludir al paso dado de enviar aquellas instrucciones sin comunicación ulterior con el Gobierno Francés, lo funda en mi Despacho N° 441, del 19 de agosto, y parece haberlo interpretado como anunciatorio, no sólo de la decisión tomada, sino de su inmediata y consiguiente ejecución". Y sigue:

> "Como esa no era de ninguna manera la impresión bajo la cual había sido escrito , ni aquélla bajo la que he estado actuando ininterrumpidamente, estoy seguro que Vuestra Excelencia me disculpará, si hago notar que ha pasado por alto que en ese mismo Despacho, y en relación inmediata con la segunda expresión mía, que Vuestra Excelencia cita textualmente, le anunciaba que el Gobierno Francés tenía la intención de entrar previamente en comunicación con Vuestra Excelencia, a través de su Embajador en Londres, en lo referente a las disposiciones sobre las que ellos exigen explicaciones ampliatorias, y fué con respecto a la forma en que esta comunicación pudiera ser recibida por Vuestra Excelencia, que Monsieur de Tocqueville volvió a

---

preguntas que, por deseo del General de la Hitte, había formulado en una carta privada de esa fecha. Le he expresado a todos los interesados en la cuestión que han hablado conmigo acerca de ella, la disposición que anima al Gobierno de Su Majestad de ordenar a Mister Southern que haga todo lo que esté en su poder para facilitar el arreglo de cualquier punto con respecto al que el Gobierno Francés aún experimente alguna dificultad, pero Vuestra Excelencia podrá percibir que en él Informe de Monsieur Daru, la ratificación por separado autorizada por el Gobierno de Su Majestad es presentada como el principal obstáculo que ellos esperan encontrar para poder alcanzar cualquier modificación satisfactoria". "En conclusión - resume su optimismo - sólo puedo volver a repetir que aunque la discusión podrá ser desagradable, sigo creyendo que el Gobierno obtendrá una mayoría que lo apoye en un curso de acción prudente y pacífico".
Y, en su Oficio N° 608, del 31 de diciembre, justo al cerrarse ese crucial 1849, Normanby informa que finalmente se llegó a un voto preliminar esta mañana respecto a los .asuntos del Río de la Plata, después de la larga y muy confusa discusión durante la que, no obstante, el Ministro de Justicia, Monsieur Rouher pronunció un discurso muy bueno. Monsieur de Rancy propuso una modificación por la que se abría al Gobierno un crédito de diez millones para apoyar, si llegara a ser necesario, las negociaciones pendientes mediante la fuerza. Aunque el Gobierno se opuso a esta enmienda, se decidió adoptarla por 3 votos, 315 a 312" .
"Solamente he visto al Ministro de Marina desde la votación, quien dice que la cuestión no fué entendida como debiera haberlo sido, o sea, como no conduciendo sino a la guerra, pero no duda que la Mayoría se mantendrá con el Gobierno en cuanto a la cuestión definitiva".

asegurarme que el Consejo había resuelto finalmente no hacer más objeciones que necesariamente pudieran poner en peligro el resultado que todos deseábamos tanto. Mucho dependía, por cierto, para asegurar tal resultado, del apoyo que el Gobierno Británico podría aportar a las gestiones que ellos realizarían ante el de Buenos Aires, acerca de algunos puntos que no afectaban a las dos partes por igual. Yo le confería tanta importancia a estas comunicaciones oficiales de rutina que se harían en Londres, que consideré que implicaban transferir hacía allí la siguiente fase de la negociación, y en mi carta a Monsieur de Tocqueville del 7 de septiembre, cuya copia incluí en la mía del 13 del mismo mes para Vuestra Excelencia, después de expresar mi confianza en que se adoptarían precauciones para que no surgiera la impresión de que se descargaba el descrédito sobre el Almirante Le Prédour, agregué que esperaba que el efecto de la prolongada incertidumbre en Inglaterra hubiese quedado disipado gracias a la comunicación que, según me había dicho, tenía la intención de dirigir de inmediato a Vuestra Excelencia. Al observar que en su respuesta se descubría un retraso en hacer esa comunicación, por motivos personales, que allí se explicaban, y que yo no consideré satisfactorios, manifesté en mi carta a Vuestra Excelencia, la que incluía copias de esta correspondencia privada, (Ello no constituye una disculpa suficiente como para no haber escrito ya a Monsieur Drouyn de Lhuys indicándole que le explique a usted oficialmente cuáles eran los puntos acerca de los que el Gobierno Francés aún experimentaba dificultades, lo que prometió hacer antes de irse a El Havre). Tengo razones para creer, a raíz de las seguridades que me dió Monsieur de Tocqueville, que efectivamente escribió sin esperar un día más, al verse urgido así por segunda vez por mí; y si Vuestra Excelencia le informó a Monsieur Drouyn de Lhuys, ya sea en el instante de hacer esa comunicación o en cualquier otra oportuni dad en aquellas circunstancias, que ya se habían enviado las Instrucciones separadas para la Ratificación, él debiera haber informado ese hecho a su Gobierno y, sean cuales sean los sentimientos que puedan seguir abrigando acerca de la cuestión; no existirían razones para exhibir la gran sorpresa que ahora demuestran, la que, por consiguiente, sólo podría explicarse por los cambios que después ocurrieron en ese Departamento del Gobierno. Por motivos públicos - parece que, en el diplomático anglosajón prende la ironía gala - verdaderamente me alegraría saber que yo he sido el único que fué dejado, hasta ahora, en la ignorancia que, según pienso, todo el tenor de mis comunicaciones subsiguientes tiene que haber puesto de manifiesto.   Entre otras ocasiones - Normanby ejemplifica ahora, dejando al descubierto la endeblez de la explicación de su superior - le escribí el 26 de septiembre a Monsieur de Tocqueville una carta, cuyo extracto remití a Vuestra Excelencia, diciéndole: Me estoy poniendo más bien nervioso al no oír nada.acerca de la partida del nuevo Almirante para el Plata. Hace tres meses que mi Gobierno ofreció al Gobierno Francés enviar un crucero especial, si éste se resolvía respecto al curso a seguir, que podía conducir la decisión conjunta, con el fin de que no surgiesen perjuicios debido a retrasos innecesarios. etcétera… A mí me parece que al recurrir a esas expresiones me era imposible transmitir con mayor claridad la impresión de que el estado de suspenso en que se hallaba la cuestión, subsistía tanto para ellos como para nosotros. Si Vuestra Excelencia me hubiera hecho llegar algún indicio, ya sea con el Despacho del 21 de agosto o en cualquier otra ocasión entre esa fecha y el 3 de septiembre, pública o privadamente, que abrigaba la intención de aprovechar ese momento para remitir las Instrucciones relativas a una Ratificación separada, yo hubiera considerado, por cierto, como mi deber, insistir enérgicamente en que si alguna vez se había querido una acción conjunta, ahora era de importancia vital examinar el tenor de las explicaciones pedidas o de las modificaciones propuestas, tratando de reducirlas dentro de los límites más estrechos posibles, y esgrimir, para ello, la perspectiva de la alteración de la situación debido a una inmediata Ratificación por separado por nuestra parte. Usted dice que el 19 de agosto yo anuncié 'una decisión definitiva' del Gobierno Francés,. En un cierto sentido es verdad que entre dos cursos de acción se había elegido el conciliatorio: no exigir ninguna alteración a la que Rosas tendría necesariamente que objetar, y renunciar al temperamento opuesto, en favor del cual tanta presión había sido ejercida por parte de los integrantes de la Asamblea, o sea, mandar una expedición o una emigración armada; pero todo el tenor de ese Despacho mostraba que no era 'definitiva', en el sentido de una decisión irreversible, y que aún existían muchos puntos que debían ser resueltos, lo que yo esperaba ocurriría de concierto con el Gobierno Británico. Las moras del Gobierno Francés - el sintético juicio resumido en el párrafo no puede ser más veraz - vinculadas con esta cuestión han sido ciertamente intolerables y, debido a ello, lo importuné de una manera incesante".

Antes de cerrar su nota, se ratifica:

"La posición extraordinaria en que me encuentro colocado con respecto a esta cuestión me ha llevado a extenderme más de lo que había pensado -pero reiteraré el objetivo principal que me obligó a escribir de nuevo, que no es otro que el de hacer ver a Vuestra Excelencia que nunca pude haber tenido la intención de anunciar con mi Despacho del 19 de agosto, la partida del Plenipotenciario como primer paso, sino que por el contrario, el Embajador de

Francia en Londres debía comunicar, previa y oficialmente, las ideas de su Gobierno sobre las que se basarían las Instrucciones para ese Plenipotenciario".

El episodio no es, precisamente, modelo de "fair play" diplomático. Si él enraíza con la Intervención anglo-francesa, bueno es consignar que los gobernantes franceses, parece, nada aprendieron de la lección de Rosas. El Presidente Luis Napoleón, de estos sucesos convertido en el Emperador Napoleón III, con sorprendente olvido del pasado, se embarca en la aventura de México, que ha de culminar, en forma desastrosa, con el sacrificio de Maximiliano. Y en esos trágicos acontecimientos, lo acompaña, como Ministro de Relaciones Exteriores, su Embajador en Londres, Drouyn de Lhuys.

CAPITULO IV

LA FRUSTRACIÓN

(Caseros en los informes de William Gore Ouseley y Robert Gore)

"...la terminación de la lucha entre las fuerzas argentinas bajo el gobernador Rosas y el ejército del Brasil y el de su aliado general Urquiza..."

(Henry Southern, Oficio al Gobierno Inglés del 11 de febrero de 1852)

William Gore Ouseley - autoretrato[60]

---

[60] http://www.historia-bahia.com/iconografia/gore-ouseley.htm

I

William Gore Ouseley, falso mediador por Gran Bretaña (el barón Deffaudis lo es en representación de Francia) en el conflicto en el Río de la Plata, es quien, en un Memorial elevado a su gobierno[61] al conocerse en Inglaterra nuestra derrota en Caseros, nos brinda la prueba documental - detallada, por cierto - de los extremos a que llega la defección de Urquiza ante la intervención anglo-francesa. Y no es extraño que de él provenga la información (preciosa para el conocimiento de nuestro pasado) puesto que le cupo el papel, no demasiado honorable, de ofrecerle los bíblicos treinta dineros.

Al Memorial lo firma con sus iniciales y redacta en tercera persona, fechándolo en "Londres, Abril 52". Justificando su fracaso, comienza por preguntar:

> "¿Era posible para Mister Gore Ouseley prever que en Inglaterra iba a ocurrir un cambio, no sólo de Ministerio, sino de la política perseguida en el Río de la Plata, en el momento en que sus combinaciones estaban por materializar exitosamente el objetivo de sus instrucciones?"

Y se explaya, sin falsos rubores, sobre esas "combinaciones" a punto de concretarse:

> "Desgraciadamente para el éxito de las operaciones en el Río de la Plata, el cambio de Administración tuvo lugar justamente cuando se formó - es lógico llamar la atención del lector en cuanto al tiempo del verbo; no dice: se iba a formar - "la coalición (que, desde entonces, ha desalojado a Rosas de Buenos Ayres), cuyas fuerzas combinadas debieran haber sido comandadas por Urquiza, tal como ha sucedido

---

[61] W.G.O. (iniciales de William Gore Ouseley) "Memorándum respecto a la Misión de Mister W. Gore Ouseley al Río de la Plata y a la intervención conjunta en 1845, 6 y 7", fecha "Abril de 1852", en Public Record Office. Londres. F.O. 6/173. Cuando la fuente citada es el Public Record Office, la traducción es nuestra. Diego Luis Molinari publicó éste y otros documentos (referidos a Caseros) en el apéndice de su libro "Prolegómenos de Caseros", en su propia traducción.

ahora; con la diferencia de que entonces Gran Bretaña se presentaba como un aliado potente y protector, y hubiera ejercido una influencia fundamental y recogido las ventajas correspondientes a esa posición, mientras que, después de la llamada de Mister Ouseley, al abandonar de repente y sin razones validar la causa de sus Aliados, no se consultó ni su interés, ni su dignidad, permitiéndose que las grandes ventajas que hubiera. podido sacar, fueran recolectadas por el Brasil".

Podría objetarse que una vez sucedidos los hechos, Ouseley novela, en base a ellos, su comisión en el Plata; un párrafo del Memorándum aventa la sospecha:

"Mister Gore Ouseley advirtió repetidamente al Gobierno de S.M. que semejante resultado era de esperar, tal como era su deber, pero hasta que ocurrieron los últimos acontecimientos, se enfrentó con una desaprobación incrédula".

Si todo esto es por demás claro - y definitivo - en cuanto a fijar, en lo temporal, desde cuando arranca la traición de Urquiza, Ouseley no oculta otros tenebrosos detalles que ilustran los extremos alcanzados, por uno y otro, en la que aparecía para ellos como proficua "Combinación" (para usar su expresión). "Uno de los grandes objetivos que Mister G. Ouseley tenía en vista" - subraya -, "Y respecto al cual no se arriesgaría demasiado diciendo que muy probablemente lo hubiera alcanzado" - aquí, llamamos la atención nosotros - , "de haberse visto apoyado por el Gobierno de S.M., era el de colocar las dos orillas, no sólo del Plata, sino también del Paraná, en manos de Estados separados, independientes entre sí". El "mediador" busca nuestra desmembración, como medio de facilitar el predominio británico. Insiste:

"Persiguiendo este principio" - ¡así lo llama! -, "Mister G. Ouseley sentó las bases para la independencia separada de Entre Ríos y Corrientes, ya sea como una República, o ligadas entre sí como estados en alianza ofensiva y defensiva con Montevideo, Paraguay" - al que pretende, por razones "non sanctas", que Gran Bretaña reconozca como estado independiente (sobre lo que se explaya, como la parte final del Memorándum) - "y Bolivia. Al Brasil se lo invitó a unirse, pero como naturalmente estaba ofendido por rechazos anteriores se mantuvo apartado, aunque simpatizaba con la coalición".

Contra el levantamiento del bloqueo a Buenos Aires, ordenado por su reemplazante, reacciona con aspereza en cuanto que, con el tácito consentimiento del General Urquiza, las mercaderías inglesas eran recibidas en los puertos de Entre Ríos; lo cual suma agravios contra una nación que ningún motivo daba para ello:

> "Un bloqueo, y sea esto recordado, que no perjudicaba los intereses ingleses , pero que privaba a nuestro oponente de los recursos derivados del comercio exterior".

Caseros ya es un hecho. Más avisado, en esto, que Lord Howden (según veremos), Ouseley advierte la coyuntura favorable al imperialismo inglés que abre el resultado - para nosotros nefasto - de la guerra.

> "El Brasil se introdujo y tomó el lugar (previamente ocupado por Mister G. Ouseley de parte) de Inglaterra, y ha obtenido resultados similares, en algunos aspectos, a los que él había propuesto con respecto a los Estados Sud Americanos, pero diferentes y desventajosos en cuanto a nuestros intereses; sin embargo, mucho puede hacerse ahora mediante negociaciones juiciosas".

En plena guerra, el entrerriano no sólo es cómplice en el bloqueo de la Confederación Argentina, sino que colabora en planes para su "balcanización" (valga, por lo expresivo, el anacronismo).

A fines de. noviembre de 1846, el Barón Deffaudis se explaya[62] , largamente, sobre los manejos de Urquiza, a quien presenta como lleno de orgullo y ambición (no quiere jugar el papel secundario) y verbalmente, como crítico de las exigencias de Rosas para llegar a la paz.

> "Un señor Chain, oriental y ex-senador, gran amigo por otra parte del General Urquiza, Gobernador de Entre Ríos, llegó aquí en los primeros días de este mes, trayendo comunicaciones verbales y confidenciales de ese General para el Gobierno de la República".

Curiosamente, las propuestas del argentino resultan más favorables, para el enemigo, que las del inglés (no lo decimos nosotros, sino el propio Deffaudis):

> "Urquiza ofrece su intervención y su apoyo ante el Gobierno de Buenos Ayres para la conclusión de la paz, si el Gobierno Oriental quiere mandarle una autorización y un pedido a ese efecto. Las condiciones de paz que indica son, por otra parte, más ventajosas y benévolas para la República del Uruguay, que las que trajo Mister Hood. Urquiza dice que está dispuesto a sostenerlas de todos modos" (de todos modos, en español en el original). "Pero concluye haciendo esta insinuación, que si no se lo quiere como amigo, deberán esperar tenerlo como enemigo".

Maestro en duplicidad, Urquiza juega "a dos puntas". El Conde Walewski, al llegar a Bahía, en el Brasil, no disimula su

---

[62] Barón Deffaudis al Ministro de Asuntos Extranjeros, Oficio N9 116 del 24 de noviembre de 1846, en Archivo del Ministerio de Asuntos Extranjeros. París. Correspondencia Política. Buenos Ayres 1846-1847. Octubre a Diciembre. Barón Deffaudis. Mister Hood. Tomo 22. "Mister Ouseley y yo" - reconoce - ", cada vez que el Gobierno nos ha consultado sobre este asunto, lo hemos animado a proseguirlo en el sentido que le ha dado. Le hemos repetido constantemente que, aunque no hubiera más que una chance de éxito sobre veinte, no nos parecía que le estuviera permitido descuidarla".

decepción (y, a través de ella, nos entera de la trascendencia, en Europa, de aquellos sucios manejos); a Guizot, le expresa[63] :

> "Las noticias del Plata que hallé aquí son bien diferentes de las que había recibido Vuestra Excelencia en el momento de mi partida de París. Parece que el General Urquiza, lejos de haberse aliado al Gobierno Provisorio de Montevideo, se ha apresurado a entregar al General Oribe las cartas que contenían las propuestas que le habían sido dirigidas por ese Gobierno".

Sobre el tenor de las noticias del Plata recibidas por Guizot, Howden[64] nos da noticia de su alcance en las altas esferas de París, en su correspondencia con Palmerston. Acerca del Ministro francés,

> "Vuestra Excelencia recordará quizás una conversación que tuve con Monsieur Guizot en París, de la que informé a Vuestra Excelencia, en la que Monsieur Guizot dijo que nunca se ataría las manos en el caso de que alguna de las Provincias que limitan con el Paraná se declarase independiente., Esta observación se aplicaba indudablemente no sólo al Paraguay sino a Corrientes y Entre Ríos". Por lo que hace a su compañero de Misión - siempre en la especulación de desmembrar la Confederación Argentina-, recuerda[65] que "El día antes de que Walewski dejará París dijo "que en el caso de que Rosas pusiera algunas dificultades, tenía instrucciones de recurrir, como amenaza o medio de coerción, a cualquier estado de cosas que pudiera prevalecer en Entre Ríos y Corrientes, hostiles o, por

---

[63] Conde Walewski a François-Pierre Guizot, con fecha 23 de abril de 1847, en Ministerio de Asuntos Extranjeros. París. Correspondencia Política. Buenos Ayres 1847. El Conde Walewski. Tomo 23.

[64] Lord Howden al Vizconde Palmerston, con fecha 30 de junio de 1847, en Public Record Office. Londres. F.O. 6/133.

[65] Lord Howden al Vizconde Palmerston, con fecha 25 de marzo de 1847, en Public Record Office. Londres. F.O. 6/133.

lo menos, de una tendencia independiente respecto a Rosas".

El Conde Rechberg, representante de Austria en Río de Janeiro, informa[66] al Gabinete vienés las causas - "Una negociación mal conducida y rota en el momento mismo en que iba a concluir" - del cambio que sorprende a Walewski.

> "Cuando el nuevo encargado de negocios del Paraguay ante S.M. el Emperador del Brasil, señor Gelly, se dirigía a su puesto, los señores Ouseley y Deffaudis le sugirieron a su paso por Montevideo la idea de entrar en negociación con el Brasil, con el Gobernador de la Provincia de Entre Ríos, Urquiza, uno de los más hábiles. Generales de Rosas, y con la provincia de Corrientes, con el fin de concluir, entre el Imperio brasileño, dichas Provincias y el Paraguay, una liga ofensiva y defensiva contra Rosas. Esas negociaciones se entablaron con bastantes perspectivas de éxito; pero Rosas, habiendo sido informado, hizo declarar al Gabinete de Río de Janeiro que si no se interrumpían de inmediato, él prestaría todo su apoyo al partido revolucionario de Río Grande del Sur, y sus provincias adyacentes, para volver a encender la guerra civil. Intimidado por esa amenaza, el Brasil dejó caer la negociación. El General Urquiza, informado a tiempo, se arregló con Rosas e intimó a la Provincia de Corrientes a que reingresara a la Confederación Argentina de la que se había separado desde hacía años".

Ya de regreso a su patria, el Barón Deffaudis integra la comisión encargada de deliberar sobre los asuntos del Plata. Reunida,

---

[66] Conde Rechberg a su Gobierno, Oficio N2 5 del 12 de abril de 1847, en Archivo Imperial de Viena. Brasil. Correspondencia 29: 1847. Informes del Conde Rechberg.

por segunda vez, el 9 de diciembre de 1848, expresa[67] en esa reunión, primera a la que asiste, luego de fijar sus miras respecto al Brasil:

> "El segundo auxiliar sería Urquiza, Gobernador de la Provincia de Entre Ríos y Corrientes. Urquiza está dispuesto a declarar su independencia si pudiera apoyarse momentáneamente en una fuerza Europea. Las aperturas que dirigió al Plenipotenciario francés en una época anterior quedaron sin eco, por lo que tuvo que realizar un acto de sumisión a Rosas y posponer la ruptura con el Dictador". Tachado en el original, se agrega: "El estaría aún dispuesto a romper, y tendría éxito si nosotros lo animáramos".

En su tercera   sesión[68] - "dedicada a deliberar sobre la posibilidad y la utilidad de una expedición militar a Montevideo", hay unanimidad en la comisión.

> "En esta hipótesis, y según la opinión de los dos miembros de la Comisión que habían tomado parte en los lugares mismos y en diversas épocas de las negociaciones" - el barón Deffaudis y el barón Gros - "no había que temer ningún acto de hostilidad de parte de Rosas, mientras que, por el contrario, era probable que la presencia de tropas francesas provocaría, si se actuaba con vigor, el <u>pronunciamiento</u> (en español en el original) de diversas provincias ligadas únicamente por el terror al sistema de Rosas. La Provincia de Entre-ríos, en especial, gobernada por un enemigo personal de Rosas, se separaría de inmediato para cooperar a la liberación de Montevideo. De acuerdo con su opinión, la autoridad de Rosas no tenía ninguna

---

[67] Acta de las sesiones de la Comisión encargada de deliberar sobre los asuntos del Plata. 2da. Sesión del 13 de diciembre de 1848, en Archivo del Ministerio de Asuntos Extranjeros. París. Correspondencia Política. Uruguay-Montevideo 1848. Julio a Diciembre. Monsieur Devoize. Tomo 15.

[68] Nota destinada a reproducir los puntos principales puestos a discusión durante la 3a. Sesión de la Comisión presidida por Monsieur Drouyn de Lhuys, sin fecha, en Archivo del Ministerio de Asuntos Extranjeros. París. Correspondencia Política. Uruguay-Montevideo 1848. Julio a Diciembre. Monsieur Devoize. Tomo 15.

solidez; una demostración enérgica destruiría el prestigio sobre el que reposa; aniquilado ese <u>prestigio</u>, nada quedaría de un poder que mantiene en jaque desde hace ocho años a las dos más poderosas marinas de Europa".

Si "pronunciamiento" no figurara subrayado, valdría la pena hacerlo pues es el término usado por Urquiza - asombrosa premonición - en diciembre de 1848 se determina (utilizando idéntico término) lo que ha de suceder el 1° de mayo de 1851, uno de los jalones más preciados en el fabricado procerato liberal de Urquiza. Como no se trata de santos profetas, ¿no es lógico pensar, ante tan pasmosa coincidencia, que se trata de un solo e inmenso engaño, en acecho, a la espera del momento oportuno para manifestarse? - para consumar una traición, incubada durante tantos años…

Ouseley y Deffaudis son artífices de la defección de Urquiza. Ya reemplazados los falsos "mediadores", el viejo plan es llamado a nueva vida por los que se han convertido en enemigos de sus patrias y renegado de su origen hispano a uno y otro lado del Plata, y - ahora, figura principal - el codicioso Imperio vecino.

Si Urquiza es el eje sobre el que apoyan su maquiavélico proyecto aquellos diplomáticos europeos, no lo es menos en su reiteración, esta vez concretada, de la que resulta principal beneficiario el Brasil. Lamas, destacado en Río de Janeiro por el "gobierno" títere de Montevideo, sostiene[69] - y conoce bien el paño - que de la actitud de Urquiza depende "la que el Brasil tome definitivamente". No se forja ilusiones sobre las agallas imperiales y se le reitera el 15 de ese mismo mes de abril de 1851[70]:

> "¿Que el Brasil es flojo? ¿Recién lo saben ustedes ahora? ¿No viene de ahí el mérito de lo que hemos conseguido, de lo que conseguiremos? ¿No he tenido, por éso, que hacer una penosa labor de araña durante tres mortales años para no dejar, como no

---

[69] Andrés Lamas a Manuel Herrera y Obes, con fecha 7 de abril de 1851, citado en Clemente L. Fregeiro "La Defensa de Montevideo y el General Urquiza según la correspondencia diplomática del canciller montevideano Doctor Manuel Herrera y Obes (1848-1851)". Buenos Aires 1917, pág. 27.

[70] Andrés Lamas a Manuel Herrera y Obes, con fecha 15 de abril de 1851, citado en Clemente L. Fregeiro op cit., p,g. 28.

hemos dejado, salida? ¿Que es flojo? Sí, sí. ¿Que ha desaprovechado ocasiones? Sí, ¿que si las hubiera aprovechado todo estaría concluido? Sí, sí, mil veces sí: lo sé, lo sabía, lo he repetido y probado aquí hace mucho tiempo. En mi correspondencia sobran las pruebas. Pero, ¿la conclusión de ésto? ¿ Renunciamos al Brasil, o nos acomodamos a su conocidísimo modo de ser, que no hay poder que cambie? Sí, o no; hé aquí la cuestión práctica, Herrera... Si no nos acomodamos, negocio concluido: el que vea otro camino, que lo tome. En esos extremos está nuestra política con el Brasil".

Alude allí a tres años de su paciente labor, y es verdad. Lamas es el pródigo despilfarrador de la herencia territorial hispano-americana. Ya el 10 de enero de 1849 insta al "canciller" Manuel Herrera y Obes[71]: "Luche usted con la indecisión increíble de esta gente, luche con fe. Al fin vencerá ". Explica su optimismo:

"Y la decisión del Brasil, ya porque al fin se entienda con la Francia como busca, ya porque Rosas lo precipite, ya porque lo precipiten los clamores y los intereses de los riograndenses, ya porque la codicia de límites lo ciegue y lo precipite, como hoy hago porque suceda" - confiesa, con descaro el aprendiz de brujo de una diplomacia sin honor y sin patria - "esa decisión, digo, sería la única que nos daría una solución breve, segura, completa, feliz, de la crisis política y social en que nos encontramos".

Lamas se vanagloria, en su vejez, de haber puesto límite al apetito imperial que durante años se esmera en incitar y que incluía querer recuperar trofeos guerreros que perdió ante nosotros en el campo de batalla, y así le expresa a Clemente L. Fregeiro[72]:

---

[71] Andrés Lamas a Manuel Herrera y Obes, con fecha 10 de enero de 1849, citado en Clemente L. Fregeiro op cit., pág. 40.

[72] Clemente L. Fregeiro, op cit., pág. 40.

> "Y la división brasileña que vino a Caseros desfiló, en aire de parada, por delante de la Catedral de Buenos Aires, de cuyas pechinas colgaban las banderas de Juncal y de Ituzaingó".

No advierte el anciano - o prefiere no recordar - que el desfile ocurre en vísperas de ese glorioso encuentro, el 20 de febrero, aniversario de Ituzaingó. Y no por haber nacido en la otra orilla del Plata es admisible que hiciera como si no supiese que es la única vez que un ejército enemigo - el de Beresford paga con la rendición su atrevimiento - marcha victorioso por las calles de Buenos Aires. ¡Qué puede hacer el pueblo - más que abuchear a los invasores - si lo ha vendido un mercenario, cuyo destino era llevar nuestras tropas, en victoria, hasta la sede misma del agresor!

II

Las "Memorias" del Jefe de la División Oriental del Ejército Grande Aliado en Sud América, según pomposa denominación que obliga a superar la altisonancia de las palabras, recogen la dura realidad de los hechos, aunque César Díaz escribe como si fuera ajeno a los mismos. "El 20, como he dicho[73]- apunta - fué el día de la entrada en la Capital de la Confederación Argentina - o para hablar como los romanos, el dia del triunfo[74]". Para el Imperio Brasileño, que resiente todavía el resultado de la guerra concluida en 1828, el de la revancha.

Tan no advierte aquella contraposición, sin duda, más hábil en los duros menesteres de la pelea que en otros más sutiles, que, antes, ha escrito sin caer en la cuenta que los Imperiales no habrán olvidado que el 20 de febrero era el aniversario de la Batalla de Ituzaingó[75]:

> "Todos preguntaban, ¿cuándo entra el ejército en la ciudad? El pueblo está impaciente por conocer a sus libertadores,· y desea que se anticipe cuanto sea dable este momento. Hicieronse muchos empeños con este objeto; pero el gobierno provisorio, que quería

---

[73] César Diaz, "Memorias. Campaña del Ejército Grande en Sudamérica. 1852", Montevideo, 1961, pag. 271.

[74] Desfile por el Foro a veces autorizado por el Senado al comandante que regresaba a Roma victorioso de sus campañas militares.

[75] César Diaz, op.cit., pág. 268.

contribuir por su parte a dar al acto del recibimiento del ejército, toda la magnificencia y grandiosidad, dignas de la gratitud de un gran pueblo, se había insinuado con el general para que lo retardase algunos días; y con este motivo, aunque desde nuestra llegada a Palermo se había señalado el día 8 para la entrada, no pudo verificarse hasta el 20".

Claro que esta campaña, si bien es más proficua para los vencedores, no contiene resonancias épicas. El Jefe Oriental reconoce[76], y continúa tratando de justificar con diversos ejemplos, su aserto, que:

"El número de muertos y heridos fué insignificante con relación a la fuerza de ambos ejércitos, porque en general la resistencia del enemigo fué débil o nula", agregando que no faltó quien pretendiera "que esta conducta de las tropas de Rosas, debía traducirse por la significación de su voluntad de concurrir a la caída del tirano; pero yo la atribuyo simplemente a su indisciplina, a la impericia o nulidad de los jefes que las mandaban, y al prestigio y superioridad indisputable de las nuestras".

En esto concuerda el representante británico, Robert Gore, oficial naval y parlamentario por su condado natal de Wexford en Irlanda, que fuera designado Encargado de Negocios en Montevideo en 1846, donde intervino para poner fin al bloqueo naval británico a Buenos Aires en marzo de 1848. Fue designado Cónsul en Buenos Aires el 29 de agosto de 1849. Finalizada la batalla de Caseros, recibió a Rosas en su residencia y gestionó su partida a Southampton, en Inglaterra, Después de la caída de Rosas, en enero de 1853, Robert Gore fue expulsado de Buenos Aires ante denuncias de sus conciudadanos británicos residentes y regresó a Montevideo. Viajando desde el Uruguay, Robert Gore se reunió con el General Justo José de Urquiza en Entre Ríos. En su informa a Palmerston indica que "fui presentado al general Urquiza, quien hablome acerca del general Rosas y dijo que este había peleado bravamente". También que le comenta sus planes para desarrollar la Argentina, abrir sus ríos al comercio mundial y atraer inmigración británica. Considerado un amigo del

---

[76] César Díaz, op. cit., págs. 247 y 248.

interior frente a Buenos Aires, Gore falleció en Montevideo el 4 de agosto de 1854[77].

Robert Gore - por Alfred, Count D'Orsay - circa 1832-1848[78]

En los informes[79] enviados desde Buenos Aires en los días inmediatamente posteriores a Caseros, Gore relata que:

> "En Buenos Aires pronto se supo que en lugar de luchar, con la excepción de la División de Palermo y la Artillería, se dispersó y huyó a la campaña. Tanto él (Rosas) como su familia fueron mantenidos en completa ignorancia acerca del poder, fuerza y recursos del Ejército bajo el comando del General

---

[77] Edmundo Murray, en http://www.irlandeses.org/dilab_gorer.htm.

[78] https://www.npg.org.uk/collections/search/portrait/mw02631/Robert-Gore

[79] Robert Gore, en su Oficio N° 16 del 9 de febrero de 1852, dirigido al Vizconde Palmerston - en Public Record Office, Londres, F.O. 6/167

Urquiza; y se los animó a creer, a través de informaciones falsas que, en el caso de una batalla, el General Rosas tenía el triunfo asegurado. ...En realidad no hubo batalla, ya que hasta las tropas de Rosas depusieron las armas y huyeron y con la excepción de la División de Palermo hubo poca lucha, lo que está comprobado por el resultado, ya que sólo murieron alrededor de 190 a 200 hombres, mientras que hubo 43.000 en el campo de batalla… Casi todos los jefes en los que Rosas depositó confianza están ahora al servicio de Urquiza, las mismas personas a las que a menudo oí jurar devoción a la causa y a la persona del General Rosas; nadie fue jamás traicionado de semejante manera, y el empleado confidencial que copiaba sus notas y despachos nunca dejaba de enviar una copia a Urquiza de todo lo que era interesante e importante para él, los jefes que mandaban la vanguardia del ejército de Rosas están ahora al frente de distritos, nunca la traición fué más completa".

A continuación agrega:

"Al regresar a las 4 y media a mi casa, mi sirviente me informó que había admitido a una persona disfrazada de soldado común, pero del que sospechaba que era el general Rosas, y que estaba acostado en mi cama, por hallarse muy débil debido a la fatiga y una herida recibida en la mano, por lo que había solicitado permiso para recostarse; inmediatamente entré y hallé a Rosas sobre mi cama cubierto del humo de la pólvora y sufriendo de fatiga y hambre, pero fuera de ello calmo y perfectamente dominado. Riendo me dijo: "Es un hecho curioso que el caballo que le dí a Mister Southern para la Reina Victoria me haya salvado la vida esta mañana, y ahora estoy bajo la protección de la bandera británica. De inmediato advertí la necesidad de sacarlo de mi casa y embarcarlo en un barco de guerra, antes de que se supiera, o se sospechara siquiera, donde estaba, siendo muy corto el tiempo de que disponía y necesaria la máxima discreción".

William Gore Ouseley - Residencia británica en Buenos Aires[80]

Más adelante:

> "Entonces me dirigí a mi casa acompañado por su hija Manuelita a la que confié mi plan e hicimos los preparativos necesarios para embarcar, después de ciertas discusiones de parte del General Rosas que deseaba quedarse en mi casa por 2 ó 3 días más para arreglar sus asuntos particulares antes de abandonar el país para siempre".

En su Oficio N° 16, de igual fecha - idéntica fuente documental -, relatando los mismos sucesos, Gore agrega:

> "Habiendo estado muy ocupado durante la tarde, no regresé a mi casa antes de las cuatro y media, donde, ante mi sorpresa, encontré al General Rosas en mi cama, quien había entrado allí media hora antes disfrazado de soldado común. Me habló con la misma calma como si hubiera estado tranquilamente en Palermo, y me dijo que estaba seguro bajo la protección de la bandera británica; que había escrito

---

[80] http://bdlb.bn.gov.br/acervo/handle/123456789/22515

una nota al Presidente de la Sala renunciando el poder en manos de la Legislatura que le había hecho el honor de investirlo, y que estaba por abandonar el país. Consideré aconsejable regresar a la ciudad para arreglar y ejecutar el plan de embarcar al General Rosas y a su hija antes de que alumbrara el dia. El Contralmirante Henderson, con el que me comuniqué sin pérdida de tiempo, vió inmediatamente la necesidad de que el General Rosas abandonara mi casa, ya que su permanencia allí podía demostrarse muy perjudicial para los intereses británicos", prosiguiendo, luego de concertarse con el Jefe Naval: "Regresé a mi casa con la hija del General Rosas a medianoche; y, después de conversar un rato, convencí al General Rosas acerca de la absoluta necesidad de que embarcara esa misma noche, lo que hizo a las 3 a.m. con su hijo e hija".

Por su parte, el contralmirante Henderson - comunica al Almirantazgo[81] que le había sido

"informado confidencialmente que el General Rosas, después de pelear hasta que el último hombre de su infantería le fue fiel, pudo llegar a la ciudad a hora tardía de ayer noche disfrazado, y me veo reducido a creer que durante la noche que está transcurriendo, pueda materializar su huida y llegar a bordo del 'Centaur'. Por estar su vida en peligro inmediato e inminente, sólo me resta decir que me siento obligado a ofrecerle protección en el caso de que ese suceso tenga lugar".

No penetran los relatores en que los hechos de que informan servirían para presentar al Héroe del Desierto en actitud de huída. A poco de la derrota, nuevo testimonio de César Díaz:

"Mr. Gore, encargado de negocios de Inglaterra en Buenos Aires, me ha contado después que entrando a su casa el día 3 de febrero como a las cuatro de la tarde, encontró en ella a Rosas que acababa de llegar

---

[81] W.W. Henderson a John Parker, Esquire, Oficio Nº 13 del 4 de febrero de 1852, en Public Record Office, Londres, F.O. 6/173.

del campo de batalla. Ausente Mr. Gore, su sirviente se negaba a recibirle; pero habiéndole dicho Rosas que era el gobernador, puso a su disposición las habitaciones de aquel. Mr. Gore le encontró acostado en su propia cama. Al verle entrar, después del saludo de costumbre, Rosas le dijo: tengo que pedir a usted un favor y es que salve mi caballo que acabo de dejarlo en la barraca de... y que se encargue de cuidarlo y conservarlo en memoria mía. Mr. Gore dió inmediatamente sus órdenes para que el deseo de Rosas quedase satisfecho. Enseguida este añadió: yo me he tomado la libertad de venir a asilarme en casa de usted, y espero que usted me permitirá permanecer en ella siete u ocho días, que es el tiempo que necesito para arreglar mis negocios. Mr. Gore, sumamente sorprendido de esta inopinada cuanto extraña pretensión, le respondió que en cualquier otra circunstancia, él no tendría inconveniente en que quedara en su casa todo el tiempo que fuese de su agrado; pero que actualmente tenía el deber de prevenirle que no lo consideraba en seguridad bajo su techo. El pueblo -continuó - en estos momentos de efervescencia y trastorno, le buscará a usted en todas partes, y no habrá lugar sagrado para él. No tema usted nada - replicó Rosas - yo conozco perfectamente a mis paisanos y sé que no han de venir aquí. Son alborotadores, pero no pasan de ahí. Mr. Gore insistió, sin embargo, en que era preciso que se embarcara y al fin se decidió a hacerlo".

BIBLIOGRAFIA

Este trabajo ha sido realizado, fundamentalmente, sobre documentación extraída de archivos europeos, que reputamos en gran parte inéditos. De allí que los libros citados sean tan escasos. Como guía de provechosa lectura, para quien desee ampliar sus conocimientos en la materia, se agrega esta bibliografía temática.

Aldao, Carlos A. , Rosas a la luz de los documentos históricos. Buenos Aires. Editorial Tor. 1935.

Arana (h), Enrique, Rosas y la Política Exterior con otros estudios. Buenos Aires. Instituto Panamericano de Cultura. 195'

Arana (h), Enrique, Rosas en la evolución política argentina. Buenos Aires. Instituto Panamericano de Cultura. 195'

Archivo Americano y Espíritu de la Prensa del Mundo. Buenos Aires. Editorial Americana. 1946

Archivo del General Mitre. Ministerio de Relaciones Exteriores. Años 1858-1859. Tomo XIX. Buenos Aires. Biblioteca "La Nación". 1912.

Arnold, Prudencio, Un soldado argentino. Buenos Aires. Eudeba. 1970.

Barreda Laos, Felipe,   General   Tomás   Guido   -   Relaciones Históricas. Buenos Aires. Linari & Cia. 1943.

Berro, Aureliano J., Bernardo P. Berro. Montevideo. Barreiro & Ramos. 1920.

Busaniche, José Luis, Rosas visto por sus contemporáneos. Buenos Aires. Eudeba. 1973.

Busaniche, José Luis, Juan. Manuel de Rosas. Buenos Aires. Ediciones Theoría. 1967.

Cady, John F., La intervención extranjera en el Río de la Plata (1838 - 1850). Buenos Aires. Editorial Losada S.A. 1943.

Corvalán Mendilaharsu, Dardo, Rosas. Buenos Aires. Gleyzer. 1929.

Chávez, Fermín, La cultura en la época de Rosas. Buenos Aires. Ediciones Theoría. 1973.

de la Barra, Federico,   La vida de un traidor: El General Justo José de Urquiza. Buenos Aires. Empresa Reimpresora. y Administradora de Obras Americanas. 1915.

Díaz, César, Memorias. Montevideo. Barreiro y Ramos. 1968.
Duprey, Jacques, Un fils de Napoléon ler. dans les pays de la Plata, sous la dictature de Juan Manuel de Rosas, la mission du Comte Alexandre Walewski en Argentine et en Uruguay (l847).
Montevideo. 1937.

Duprey, Jacques, Alejandro Dumas, Rosas y Montevideo. Buenos Aires. Talleres Gráficos Rodríguez Giles. 1942.

Espil, Felipe A., John Murray Forbes. Once años en Buenos Aires 1820-1831. Buenos Aires. Emecé. 1956.

Ezcurra Medrano, Alberto, La Independencia del Paraguay. Historia de una desmembración argentina. Buenos Aires. Talleres.Gráficos de Ediciones Católicas Argentinas. 1941.

Font Ezcurra, Ricardo, San Martín y Rosas. Buenos Aires. Editorial Coni. 1940.

Font Ezcurra, Ricardo, La Unidad Nacional. Buenos Aires. Editorial La Mazorca. 1944.

Fregeiro, Clemente L., La Defensa de Montevideo y el General Urquiza según la correspondencia diplomática del canciller montevideano Doctor Manuel Herrera y Obes (1848-18…..). Buenos Aires. Separata de la Revista de la Universidad de Buenos Aires. Tomo 37. 1917. Págs. 40 y siguientes.

García Mellid, Atilio, Proceso al liberalismo argentino. Buenos Aires. Theoría. 1964.

Garretón, Adolfo, Escritos, comunicaciones y discursos del coronel Juan Antonio Garretón publicados en la prensa de Buenos Aires desde 1819 a 1852 con el Diario en Marcha de la Expedición al Desierto de 1833. Buenos Aires. Editorial Araujo. 1946.

Genta, Jordán B., San Martín doctrinario de la política de Rosas. Buenos Aires. Ediciones del Restaurador. 1950.

Gras, Mario César, Rosas y Urquiza. Buenos Aires. Talleres, Gráficos SEMCA. 1948.

Herrera, Luis Alberto de, Por la verdad histórica. Buenos Aires. Roetzler. 1946.

Herrera, Luis Alberto de, La Seudo-Historia para "El Delfín". Montevideo. Siglo Ilustrado. 1947.

Herrera, Luis Alberto de, Orígenes de la guerra grande. Montevideo. Palacio del Libro. 1941.

Ibarguren, Carlos J., Juan Manuel de Rosas (Su vida-Su drama-su tiempo), Buenos Aires. La Facultad. 1933

Ibarguren, Carlos J. ,   Manuelita. Rosas. Buenos Aires. La Facultad. 1933

Instituto Yrigoyeneano, Hipólito Yrigoyen - Pueblo y Gobierno. Buenos Aires. Editorial Raigal. 1951.

Irazusta, Julio,   Vida política de Juan Manuel de Rosas a través de su correspondencia. Buenos Aires. Ediciones Trivium. 1970.

Irazusta, Julio, San Martín y Rosas. Buenos Aires. La Voz del Plata. 1950.

Irazusta, Julio,   Urquiza y el pronunciamiento.Buenos Aires. La Voz del Plata. 1952.

Laferrere, Roberto de, El nacionalismo de Rosas. Buenos Aires. Editorial Haz. 1953.

Mabragaña, M., Los Mensajes. Buenos Aires. Comisión Nacional del Centenario. 1910.

Magariños de Mello, Mateo J. , La misión de Florencio Varela a Londres (1845-1844). Montevideo. Claudio García & Cia. 1944.

Magariños de Mello., Mateo J., El Gobierno del Cerrito. Montevideo. El Siglo Ilustrado. 1948.

Marmier, Xavier, Buenos Aires y Montevideo en 1850. Buenos Aires. El Ateneo.

Molinari, Diego Luis., Prolegómenos de Caseros. Buenos Aires. Editorial Devenir. 1962.

Muñoz Aspiri, José Luis, Rosas frente al Imperio inglés. Buenos Aires. Ediciones Theoría. 1960.

Museo Histórico Nacional. Revista Histórica (Director E. Pivel Devoto). Montevideo.

Oribe, Aquiles B., Brigadier General D. Manuel Oribe. Montevideo. Barreira & Ramos. 1912.

Orlandi, Héctor Rodolfo, Teoría de la representación política en nuestra Constitución, en Doctrina Jurídica, La Plata, tomo IV, n° 83, del 28 de junio de 1952.

Pérez, Silvestre, Filosofía del federalismo del Río de la Plata. Montevideo. Tipografía Atlántida. 1948.

Pereyra, Carlos, Rosas y Thiers. Buenos Aires. Talleres Gráficos Padilla y Contreras.194...

Publicaciones del Archivo Histórico de la Provincia de Buenos Aires. Documentos del Archivo (Introducción de Enrique M. Barba): La Campaña Libertadora del General Lavalle (1838-1842). La Plata. Edición Oficial. 1944.

Publicaciones del Instituto de Investigaciones Históricas Juan Manuel de Rosas. La política exterior del General Rosas juzgada por un redactor de Annuaire des Deux-Mondes para 1850. Buenos Aires. Ediciones del Renacimiento Argentino. 1939.

Puentes. Gabriel, La Intervención francesa en el Río de la Plata. Buenos Aires. Ediciones Theoría. 1958.

Quesada., Ernesto, La Epoca de Rosas. Buenos Aires. Ediciones del Restaurador. 1950.

Quesada, Vicente G.,   Historia Diplomática Latino-Americana. Tomo II: La política del Brasil con las Repúblicas del Río de la Plata. Buenos Aires. La Cultura Argentina. 1919.

Raineri, Mario Andrés, Oribe y el Estado Nacional. Montevideo. Talleres Gráficos Gaceta Comercial. 1960.

Ravignani, Emilio, Rosas Interpretación real y moderna. Buenos Aires. Pleamar. 1970.

Ravignani, Emilio, Inferencias sobre Juan Manuel de Rosas y otros ensayos. Buenos Aires. Editorial Huarpes. 1945.

Rejistro Oficial de la Provincia de Buenos Aires (Año 1848). Buenos Aires. Mercurio. 1875.

Reyes, Antonino, Memorias del edecán de Rosas. Buenos Aires. Editorial Americana. 1943.

Rosa, José María,· La caída de Rosas. Madrid. Instituto de Estudios Políticos. 1958.

Ruiz Moreno, Leandro, Centenarios del Pronunciamiento y de Monte Caseros. Paraná. Nueva Impresora. 1952.

Saldías, Adolfo, Un siglo de Instituciones. La Plata. P.E. de la Provincia de Buenos Aires. 1910.

Saldías, Adolfo, La. evolución republicana durante la revolución argentina. Buenos Aires. Arnoldo Móen & Hno. 1906.

Saldías, Adolfo, Historia de la Confederación Argentina. Buenos Aires. Biblos Editorial. 1929.

Stewart Vargas, Guillermo, Oribe y su significación frente a Rosas y Rivera. Buenos Aires. Pellegrini. 1958.

Sierra, Vicente D., Historia de la Argentina. (1829-1840). Buenos Aires. Editorial Científica. Argentina. 1969.

Sierra, Vicente D., Historia de la Argentina (1840-1852). Buenos Aires. Editorial Científica Argentina.. 1972.

Vignale, Julio César, Consecuencias de Caseros. Montevideo. Imprenta Letras Editorial S.A. 1946.

Vignale, Julio César, Oribe. Montevideo. Imprenta Letras Editorial. 1942.

FUENTES DOCUMENTALES

Archivo del Ministerio de Asuntos Extranjeros. París

Correspondencia Politica Buenos Ayres. 1846 - 1847 Tomos 22, 23 y 16.
Correspondencia Diplomática Buenos Ayres. 1849 - EL Almirante Le Prédour.
Correspondencia Diplomática Buenos Ayres. 1850

Archivo Imperial de Viena

Brasil - Correspondencia 29-1847
Informe del Conde de Rechberg
Brasil. - PA XXXVI/8 (1849 /1850)

Public Record Office. Londres
Legajos F.O. 6/173; F.O. 6/133; F.O. 6/132; F.O. 27/846; F.O. 27/847; F.O. 27/848; F.O. 6/167